新常态下的上海城市与人口发展研究丛书

土地制度变迁过程中的农村社会保障问题研究

杨昕　著

上海社会科学院出版社
SHANGHAI ACADEMY OF SOCIAL SCIENCES PRESS

本书由"上海社会科学院创新工程"部分资助

目　录

绪　言

在中国,农村的社会保障问题比城市迫切得多。之所以有这样的判断,基于三点:第一,农村人口的实际老龄化程度更严重,老龄化速度更快。2010年第六次人口普查数据表明,我国城镇65岁及以上老年人口数量达到0.52亿人,占城镇总人口的7.80%,农村65岁及以上老年人口为0.67亿人,占农村人口的10.06%。与2000年第五次人口普查相比,我国城镇65岁及以上老年人口规模上升0.22亿人,占比上升1.38个百分点,农村地区65岁及以上老年人口规模虽然只上升0.08亿人,但占比却上升了2.56个百分点。分省市来看,北京、上海等人口净迁入地的常住人口老龄化程度往往明显低于户籍人口老龄化程度,而四川、安徽、河南等人口净流出地的常住人口老龄化程度却高于户籍人口老龄化程度。这表明,近几十年来的人口流动使得不同地区的人口结构发生了很大变化,东部地区、城市地区得益于大量的人口迁入,人口老化程度得到缓解;而中西部地区、农村地区由于大量青壮年人口的流失,人口老化程度反而加剧。城乡人口老龄化程度改善和加剧的差异使得本就严重的农村社会保障问题更加突出。第二,农村与城市一样经历着家庭核心化的过程,而且其核心化速度更快。

第五次和第六次人口普查的数据表明,2010年时农村家庭户的平均规模为3.08人,较2000年时户均减少0.25人,同一时期,城市家庭户的平均规模从3.11人下降到2.85人,户均减少0.26人。从三人及以下家庭户占比来看,2000—2010年农村3人及以下家庭户占农村全部家庭户的比例从46.68%上升至56.85%,城镇从69.03%上升至74.14%,农村的上升幅度高于城镇[①]。这表明,虽然农村地区平均家庭户规模仍高于城市,但其家庭核心化速度快于城镇地区。家庭核心化速度加快意味着农村地区老年人的养老也成为家庭面临的越来越大的问题,不仅是照料人手有限,经济压力也随之增加。第三,农村人口的经济收入水平远低于城镇,抗风险能力较弱。根据《中国统计年鉴(2014)》的数据,2013年我国农村居民人均纯收入8 895.9元,人均消费支出6 625.5元,人均年结余2 270.4元;同年,我国城镇居民平均可支配收入26 955.1元,人均消费支出18 022.6元,人均年结余8 932.5元。城镇居民人均年收入结余是农村居民的3.93倍,而2000年时这个比值为2.20。也就是说,城乡居民的经济水平差距在不断加大。与城镇居民相比,农村居民更加需要可持续、保基本的社会保障体系的支持。

但我们看到的现实是,由于城乡二元的户籍管理制度,我国的社会保障体系被分成城镇和农村两个完全不同的部分。城镇中的

---

① 数据来源:《中国2000年人口普查资料》,国家统计局人口普查办公室,http://www. stats. gov. cn/tjsj/pcsj/rkpc/5rp/index. htm,《中国2010年人口普查资料》,国家统计局人口普查办公室,http://www. stats. gov. cn/tjsj/pcsj/rkpc/6rp/indexch. htm。

非农业人口根据就业状况可以享有职工基本养老保险、职工基本医疗保险、工伤保险、失业保险，以及居民养老保险、居民医疗保险等较为完善的保障，而占全国人口 64.67% 的农业人口虽然也有新型农村合作医疗和新型农村社会养老保险，但其保障水平远远低于前者，特别是农村社会养老保险，基本不能帮助农村居民抵御年老体弱带来的经济风险。而农村社会保障问题之所以有异于城镇，土地是非常关键的一点。

近年来有关土地制度与农村社会保障制度的关系问题成为研究热点，越来越多的学者认同，只有将土地制度改革与社会保障制度改革结合起来，才能最终完成农村社会保障体系的构建（刘福恒，2001；韩冰华，2004；赵海林，2005；胡武贤，2006；李雪、陈小伍，2008）。

对于土地保障问题，国内学术界主要有两种观点：一是强调土地保障在农村以及全社会稳定中的重要性，认为必须"以土地承包权为主要依据"建立农村社会保障制度（何乘材，2003）。另一种观点则认为，土地保障和经济效率之间的矛盾不容回避，解决两者之间矛盾的出路在于更新与变革土地保障的形式。为此，有学者提出在土地流转的社会背景下，应当以土地使用权的流转为契机重构中国农村的社会保障体系，他们从制度、经济、社会心理等多个角度论证了重构的可行性（钟涨宝、狄金华，2008），有的还对基于土地资本的新型农村养老保险模式进行了设计（尚长风、张翰文，2008）。

在这些研究中，"土地换保障"和"土地产权货币化"是比较受到认同的观点。大多数学者认为，"土地换保障"是一种制度创新，农民在转让出承包地或土地被征用的情况下,理应得到一定的经济补偿,并用此经济补偿为其建立社会保险(陈颐,2003);也有学者认为土地换保障的核心内容应该是农民通过向国家出售土地永佃权,国家为农民建立现代社会保障体系中的社会保障账户(马小勇、薛新娅,2004)。而"土地产权货币化"是通过土地资产化运作实现社会保障的两个层次:一是变直接经营土地获取土地基本生活保障为通过土地使用权交易获取间接的土地保障所需的物质或资金;二是通过土地的资产化特征的显现,利用土地资产入股获得社会保障资金或以土地换保障。学者们认为,处在转型中的中国农村社会,建立以农地产权货币价值为基础的新型农村社会保障体系是最佳制度选择(韩冰华,2004)。

国外也有学者提出了与国内学者类似的观点。美国学者 D. 盖尔·约翰逊(D. Gale Johnson, 2000)认为中国土地产权现状不能有效解决农民的养老保障,需要改革现行土地制度,使农民在年老后可以通过出租或转让土地得到收入以弥补养老金的缺口;英国学者阿萨·胡塞恩(2006)则对当时的土地承包的局限性进行了分析,认为土地分配方案并没有把土地永久地交给农民,限制了土地的自由流转,其后果是土地不能作为借贷的抵押,土地权利静态化、实物化。

从实践上来看,不少地区已经开始了以土地流转为依托的农村社会保障改革的试点,政策效果明显,但存在的问题也较为突出。以上海出台的镇保政策为例。由于缺乏农民利益保障机制、土地收益统筹机制、农村集体利益保障机制,没有充分考虑与土地收益和增值挂钩,再加上与城镇社会保险的衔接渠道不通,造成政府部门资金管理风险加大、区域财政负担差别显著、不同人群矛盾激化等问题,为下一步城乡一体化带来了不小的隐患。

　　综上所述,有关农村社会保障体系问题的学术研究和政策实践都已经有了一定的基础,取得了不少实质性的成果,但在研究内容、研究角度、实践总结等方面都还有一些不足。从理论方面看,存在着概念不清、作用机理不明、社会保障对象界定不清等问题,非农用地如何对农村社会保障产生影响? 政府在农村保障体系重构和土地制度变迁中的地位和作用如何? 这些问题都还需要明确地予以回答。从政策实践方面看,对现有的政策尚没有系统的梳理和分析评价,这些政策的执行效果如何? 还存在哪些问题? 从城乡一体化的最终目标来看,还有哪些地方需要改进? 这些问题也需要进一步探讨。总之,要全面建设小康社会,完善农村社会保障体系是必须解决的重大问题,当前国家对于土地制度改革的启动是一个很好的契机。过去,每一次土地制度的变化都伴随着农村社会保障模式的相应改变,今后,两者之间仍会联动①。

---

① 在本文中所提到的土地流转是指包括承包地、宅基地、农村集体经营性建设用地等在内的附设于土地之上的各种权利在不同权利主体之间的转移。

第一章　农村社会保障制度
与土地制度

第一节　我国农村社会保障制度的变迁

一、以土地为基础的家庭保障制度(1949—1953)

1949—1952 年中华人民共和国的第一次土地改革完成,农民拥有了土地的所有权、支配权和使用权,而遵照 1954 年宪法中有关"劳动者在年老、疾病或者丧失劳动能力的时候,有获得物资帮助的权利"[①]的规定,当农民遭遇年老、疾病、伤残或者其他灾害风险时,政府会通过救济或者优抚等措施提供基本的生活保障,对于农村的军烈属会实施优待和抚恤。这一时期"家庭保障为主、政府帮扶为辅"的制度安排与当时土地私有制及国家财力低下的现实状况相适应。

首先,土地改革废除了封建剥削的土地的制度,将土地按人口平均分配给农民,土地作为主要生产资料归农民所有,家庭成为农村经济生产的基本单位,土地收益也主要归农民所有。这次改革实现了土地与劳动的结合,使得农业生产率有了快速提高。

---

① 《中华人民共和国宪法》(1954 年),第 93 条。

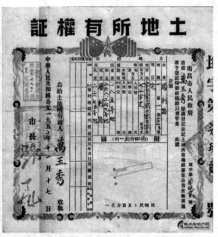

图 1-1-1　《中国土地法大纲》及当时的土地所有权证

　　1947 年 9 月中国共产党在河北省石家庄市西柏坡村举行全国土地会议,制定并通过了《中国土地法大纲》,同年 10 月《土地法大纲》由中共中央发布。根据这部大纲,我国废除了封建剥削土地制度,实行耕者有其田的土地制度,废除一切地主的土地所有权,废除一切祠堂、庙宇、寺院、学校、机关团体的土地所有权,废除乡村在土地改革以前的一切高利贷债务。乡村中原本归地主所有的土地和公地由改革土地制度的合法执行机关——乡村农会接收,并按照人口统一平均分配,数量上抽多补少,质量上抽肥补瘦,分配之后的土地,所有权归农户所有。政府为农民分配得到的土地颁发土地所有权证,"并承认其自由经营、买卖及在特定条件下出租的权利"[①]。这次土改确认了农民对土地的所有权和经营权,土

---

　① 《中国土地法大纲》,1947 年 9 月 13 日中国共产党全国土地会议通过,1947 年 10 月 10 日公布实施。

地可以自愿买卖和出租。该部大纲的出台,获得了农民的热烈拥护和积极参与,各大解放区纷纷根据自身情况制定了大纲实施的补充条例,并制定了结合实际的步骤、方法和具体政策。到1948年夏天,解放区90%以上的地区实现了土地的平均分配,贫雇农获得了大量的土地。

1950年6月由中央人民政府委员会通过并颁布实施了《中华人民共和国土地改革法》,在这部法律的指导下,大规模的土地改革在新区广泛开展起来。到1953年春,全国除新疆、西藏等少数民族地区及台湾省外,普遍完成了土地改革。为了进一步活跃农村经济,各大区中央局和军政委员会还先后颁发布告允许雇工自由、借贷自由和贸易自由(赵增廷,1992)。这次改革让全国3亿多农民无偿获得了7亿亩土地和大批生产资料,土地自由买卖和租佃、雇工自由、借贷自由和贸易自由的政策使得农业生产力获得空前解放。

表1-1-1　1949—1953年我国农村经济指标变动情况

年份	农业总产值 (亿元)	农业总产值指数 (1952=100)	农作物播种面积 (千公顷)	粮食总产量 (万吨)
1949	326	65.20	124 286.00	11 318.40
1950	384	—	128 826.00	13 212.90
1951	420	—	132 860.00	14 368.90
1952	461	—	141 256.00	16 393.10
1953	510	102.00	144 035.33	16 684.10

数据来源:国家统计局官方网站,http://data.stats.gov.cn/easyquery.htm?cn=C01。

农业生产力得到解放的直接证据就是增长明显的经济数据,1949—1953年全国农作物播种总面积从124 286.00千公顷增加到 144 035. 33 千公顷,增长幅度达到 15. 89%,粮食总产量从 11 318.40 万吨上升到 16 684.10 万吨,增幅达到 44. 84%[1]。农民的生活基本能够自给自足,对自身风险的承担能力上升。

其次,常年战争对国民经济的破坏非常严重,无论是城市还是农村,物质资料都非常贫乏,政府财力非常有限,而重建家园、恢复经济需要大量投入。在这种情况下,国家一时没有足够的财力在短时间内建立起有效的社会保障体系。

表 1-1-2　1949—1953 年我国主要经济指标变动情况　单位: 亿元

年份	国内生产总值	财政收入	财政支出
1950	—	62.17	68.05
1951	—	124.96	122.07
1952	679.10	173.94	172.07
1953	824.40	213.24	219.21

数据来源: 国家统计局官方网站,http://data. stats. gov. cn/easyquery. htm?cn=C01。

近代的中国长期处于动荡之中,特别是抗日战争及之后的解放战争对国民经济的破坏非常严重。1949 年中华人民共和国建立时我国经济已经处于全面崩溃的境地,工业生产总量比历史最高产量下降了 50%,其中钢产量下降了 83%;农业总产量较历史最高产量下降了 25%,其中粮食产量下降了 27%。1950 年时财政总收入仅为 62.17 亿元,人民生活极端贫困。新成立的中央政府面临着工业凋敝、农业萎缩、物资匮乏、通货膨胀严重等经济问题。为了稳定政权、恢复生产,国家必须将有限的财力投入更紧迫

---

[1] 国家统计局官方网站,http://data. stats. gov. cn/workspace/index? m=hgnd。

的工作中去。在中华人民共和国成立的最初三年,党和政府采取了一系列有效的经济措施,包括没收官僚资本、建立社会主义国营经济,打击投机倒把,加强市场管理,稳定物价,统一财政经济,实现财政收支平衡,开展"三反""五反"运动,整顿工商业等。到1952年国民经济才得到初步恢复,工农业总产值810亿元,比1949年增长77.5%,比中华人民共和国成立前最高水平的1936年增长20%,三年中平均年递增率为21.1%;其中工业总产值比1949年增长145.1%,年递增率为34.8%,农业总产值比1949年增长53.5%,年递增率为15.3%。工农业主要产品的产量已超过中华人民共和国成立前最高水平,财政收入情况也随之好转。

但即使生产有一定程度的恢复和发展,国家财政收入实现了平衡,人们生活水平有一定程度的提高,仍不能改变整个国家继续处于困难境地的现实。而且,虽然中国共产党人走的是农村包围城市武装夺取政权的革命道路,但党在中华人民共和国建立之前就已经意识到了城市对于整个国家复兴的重要性。中华人民共和国成立初期的种种经济举措也大多是为了尽快稳定城市的经济秩序,并迅速恢复和发展城市经济。在这样的工作思路下,将有限的资源更多地投入城市、投入扩大再生产成为必然选择。

第三,中华人民共和国成立初期我国平均预期寿命很低,老年人口占全部人口的比例仅为4.4%上下,而且平均家庭人口规模有4.33人[1],农村地区家庭规模更大,家庭的保障功能相对强大。

家庭是最基本的社会组织,是人们社会生活的核心和基础,几

---

[1] 国家统计局官方网站,http://data.stats.gov.cn/workspace/index?m=hgnd。

乎所有人的出生、长大和死亡都与家庭密不可分。在人类社会发展的过程中,古今中外的家庭都扮演了非常重要的角色。在人类进入现代社会以前,家庭保障几乎就是人们全部保障的来源。家庭不仅能向家庭成员提供生活照料,还能提供资金援助、精神慰藉,家庭成员之间存在着长期的互助互惠机制。在传统的农业社会,由于都处于自给自足的小农经济模式中,家庭作为基本经济单位,几乎能够给人们提供包含养老、医疗、生育、失业、救济和其他福利在内的所有保障。由于生活照料、经济援助和精神慰藉都来自家庭成员,所以家庭成员的多少,或者说家庭规模的大小决定了家庭保障的多少。一般而言,在其他条件相似的情况下,家庭规模越大,其能够提供的保障水平会越高。

根据我国第一次人口普查的数据,1953 年时我国总人口为5.83亿人,其中 5.05 为农村人口,全国家庭平均规模为 4.33 人,65 岁及以上老年人口占比为 4.4%。当时的平均预期寿命不到45 岁。这些数据表明,由于各种原因,人们在进入老年不久可能就会死亡,因而需要家庭提供养老保障的人数规模较小,且由于家庭规模较大,有充裕的人手来实现对家庭长者的照料。也就是说,尽管这一时期国家和社会并没有余力为农村建立社会保障体系,但家庭的保障功能还能够较好地弥补这一缺陷。

二、以土地为基础的集体保障制度(1953—1978)

土改运动让农民拥有了土地,激发了他们的生产积极性,改善了他们的生活水平,但也存在不少问题。到了土改运动后期,由于后续管理措施的缺失,出现了大量的土地买卖,土地再次向少数人集中。与此同时,国家因财力有限而优先发展城市,忽视了农村基本公共设施的建设工作,从而影响了农村经济抗风险能力的提高。为了解决种种问题,在土改运动开始不久,党开始引导农民走合作化的道路,希望通过合作化道路将农村的小农经济模式改造成为社会主义集体经济模式。

在中华人民共和国第一次土改开始不久,党号召农民在生产资料继续私有和分散经营的基础上,在自愿互利、典型示范和国家帮助的原则下,成立临时或者常年的互助组,有条件的地方可以进一步成立初级农业生产合作社。在初级合作社里,农民将土地折股计算,实行统一经营和统一分配。这种做法虽然没有改变农民对土地的所有权,但土地的使用权和经营权已经发生了变化,从农民私有变成了集体公有。这也就意味着土地的所有权和经营权发生了分离。从这个角度上讲,农业合作化使得我国的土地制度发生了重大变化。

1956年在初级生产合作社的基础上诞生了高级农业生产合作社。两者的区别在于,高级合作社要求农民将土地无偿转为集体所有,入社农民只能保留原有土地的5%作为自留地。除了土地以外,大牲畜、大农具及其他非农业工具也都作价转为集体所有。1958年3月和8月中央政治局扩大会议先后通过了《关于把小型的农业社适当地合并为大社的意见》和《关于在农村建立人民公社问题的决议》,将农业合作化进一步推向了高潮,农村人民公社遍地开花。虽然在农业合作化开始时期,要求遵循自愿互利的原则,但到了高级合作社及人民公社时期,这一原则往往被忽视。至此,我国的土地制度再一次发生变化,不仅经营权归集体所有,所有权也从私有变为公有。而所有权和经营权的改变带来了生产方式和收益分配方式的改变。

随着互助组、初级农业生产合作社、高级农业生产合作社、人民公社的逐步升级,农村经济呈现出土地国家控制、产权和经营权集体所有、农业产出农民平均分配的特征。在农村人民公社化运动中,公社以社会主义或共产主义的名义拥有对劳动力、生产资料和劳动收益的支配权,按劳分配的原则变成了完全平均分配。在很多的影视作品中都可以看到集体出工、集体劳动、按人头分配的内容。这种超越了生产力发展阶段的"大跃进"式的制度变化,大大挫伤了农民的生产积极性,导致了农业生产力的倒退。

表 1 - 1 - 3 1953—1958 年我国农业生产的变化情况

年份	农林牧渔业总产值(亿元)	农作物播种面积(千公顷)	粮食产量(万吨)
1953	510	144 035.3	16 684.1
1954	535	147 925.3	16 952.8
1955	575	151 081.3	18 394.6
1956	610	159 172.7	19 275.6
1957	537	157 244.0	19 504.5
1958	566	151 994.7	19 766.3

数据来源:国家统计局官方网站,http://data.stats.gov.cn/adv.htm?m=advquery&cn=C01。

鉴于土地制度和生产方式都发生了变化,这一时期农村的保障形式也随之变化,所有权和经营权主体——生产合作组织和人民公社承担起越来越大的保障责任。1956 年 6 月通过的《高级农业生产合作社示范章程》中规定,农业生产合作化时期没有家庭或子女,同时没有劳动能力的老人、残疾人和孤儿由集体供养,以满足其基本的生存需求、医疗需求和丧葬需求。1958 年时国家又进一步在农村"五保"制度的基础上推行农村合作医疗。而农村合作医疗制度的建立被认为是我国在经济发展低水平背景下解决多数人基本医疗需求的成功范例,甚至受到世界卫生组织的肯定和赞扬,直到 20 世纪 70 年代末期的联产承包责任制出现,逐步瓦解了集体经济基础并最终导致农村合作医疗制度崩塌。一直以来,这一制度都被认为是我国农村地区实行的较为成功的社会保障制度。在这一时期,农村的社会保障责任主体是生产资料的所有者——生产合作组织和人民公社,或者说是村集体,只要是村集体成员,则无论是谁都由村集体给予保障,乡镇及以上政府仅仅给予非常有限的补贴,甚至连补贴都没有。也就是说,从 20 世纪 50 年代后半期到 70 年代末,随着土地所有制、土地经营模式发生变化,我国农村保障逐渐从自我保障为主、国家保障为辅走向集体保障为主、国家适当扶持。

三、向以土地为基础的家庭保障制度的倒退(1978—1992)

第二次、第三次土地改革将农村土地完全集中在生产合作组织和人民公社,劳动方式也从以个人或家庭为单位转变成以生产组或生产小队为单位,最终的劳动成果在集体成员中完全平均分配。这种分配形式极大地打击了农民的劳动积极性,"干或不干一个样,干多干少一个样,干好干坏一个样",农业生产在很长一段时间内处于较低水平,这可能也是原因之一。1953 年我国全国人口不到 6 亿人,粮食总产量为 16 684.1 万吨,人均粮食产量为 283.76公斤,粮食总播种面积为 1 440 353 千公顷;1958 年时总人口增长到 6.60 亿人,粮食总产量增加到 19 766.3 万吨,人均粮食产量增加到 299 公斤,粮食总播种面积为 151 994.7 千公顷。1959—1961 年,由于天灾加上人祸,我国的社会和经济发展遭遇巨大挫折,不仅总人口减少,各项经济指标都大幅度下滑,粮食产量下降到 13 650.9 万吨,人均粮食产量下降到 207 公斤,粮食总播种面积下降到 143 214 千公顷。1961 年以后,虽然农业生产有所恢复,但直到 1975 年人均粮食产量才恢复到 1956 年的水平。无论是官方公布的数据、历史资料,还是电影、电视、小说等文艺作品中,都反映出或者记录下在那一历史时期人们连基本温饱都无法满足的状况。于是,一场自下而上的土地制度改革悄然兴起,并在随后的几年因获得政府的认可而迅速推广。

这次土地改革的主要内容不涉及土地的所有权,而仅是改革了土地的经营权和劳动成果的分配方式。也就是说,农村土地的所有权归属不发生变化,仍归村集体所有,但经营权以承包到户的形式归农民所有,农民根据经营权获得土地收益的一部分。在承包地上获得的所有收益,除了按规定上交国家和集体的提留,其余部分都归承包者所有。虽然,土地收益仍需要在国家、集体和个人三方之间分配,但这与过去的完全平均分配有了很大区别,土地收益和劳动付出挂起钩来,劳动付出的越多,最终获得的收益也会越多。这样的生产和分配方式极大地调动了农民的劳动积极性,使得农业生产力得到空前释放,农业生产率大幅提升,农民家庭经济状况得到改善。1978—1992 年我国农业总产值从 1 397 亿元增长到 9 084.7 亿元,粮食单位面积产量从 2 527.30 公斤/公顷增长到 4 003.79 公斤/公顷,增幅分别为 550.3%和 58.42%,农村家庭经营耕地面积从 0.16 亩/人上升到 2.06 亩/人,农村居民家庭人均纯收入指数从 100 上升至 336.2,增长幅度分别为 11.88 倍和 2.36 倍。与此同时,农村人口结构也有所变化。1978—1992 年农村居民家庭规模从 5.7 人下降到 4.7 人,但户均劳动力人数从 2.3 人上升到 2.8 人,农村每一劳动力负担的人口数从 2.5 人下降到 1.6 人。[①] 这些数据表明 20 世纪五六十年代激增的出生人口陆续进入劳动年龄,"人口"逐渐变成了"人手",农村家庭的抚养负担在这一时期日益减轻,家庭的保障能力逐渐增强。

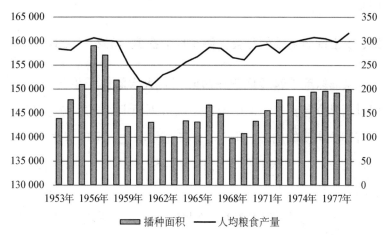

图 1-1-2　1953—1978 年我国农作物播种面积和人均粮食产量变动情况
　　　　　单位:千公顷,公斤/人

数据来源:国家统计局官方网站,http://data. stats. gov. cn/adv. htm? m=advquery &cn=C01。

这一次的土地改革也带来了另一个后果,那就是集体经济基础的迅速解体和崩塌。在第二次和第三次土地制度改革之后,村

---

① 国家统计局官方网站,http://data. stats. gov. cn/workspace/index? m=hgnd。

集体经济的力量空前强大,所有土地和劳动的收益都归集体所有,因而扩大再生产、农村基础设施建设和社会保障的支出也都由集体承担。但联产承包责任制的出现,让集体收入大减,除了少数几项必要的开支,村集体已经无力承担起其他的责任,特别是保障功能弱化严重,农村合作医疗开始从绝大多数村庄消失,不少地方甚至连"五保户"的供养制度也难以为继。家庭重新担负起对家庭成员提供保障的责任。至此,伴随着家庭联产承包责任制的出现,我国农村地区的保障制度出现了向以土地为基础的家庭保障的倒退。

四、以土地为基础的社会保障制度的探索(1992—2003)

家庭联产承包责任制在短时间内大大解放了生产力,其作用可谓是立竿见影。但由于这一次自下而上的土地制度改革并没有解决本质的问题,因而对于农业劳动生产率的提振作用时间并没有持续很长。随着时间的推移,该制度的局限性逐渐显露。

首先,承包地按照制度实施时的家庭人口平均分配,分配之后很长时间里不再进行调整。随着时间的推移,农村人口规模在上升,而耕地总量却往往不会随之增加,因而对多数家庭来讲,人均土地面积在不断减少,这使得农业规模经济效益无法实现。根据《中国统计年鉴》的数据,1992 年我国农村家庭土地承包的平均规模大概为 2.4 亩(其中包括耕地、山地、养殖水面),1993 年时达到人均 3 亩,但之后人均承包土地的规模就逐年下降,2003 年时平均规模下降至2.2亩。

表 1-1-4　1992—2003 年我国农村收支及土地承包情况变动

年份	农村居民家庭人均消费支出(元)	农村居民家庭人均纯收入(元)	家庭人均农林牧渔纯收入(元)	农业收入占比(%)	农村家庭承包土地人均面积(亩)
1992	659.0	784.0	486.9	62.1	2.4
1993	769.7	921.6	567.0	61.5	3.0
1994	1 016.8	1 221.0	746.7	61.2	2.6
1995	1 310.4	1 577.7	956.4	60.6	2.6
1996	1 572.1	1 926.1	1 147.3	59.6	2.8
1997	1 617.2	2 090.1	1 220.1	58.4	2.5
1998	1 590.3	2 162.0	1 192.4	55.2	2.5
1999	1 577.4	2 210.3	1 139.0	51.5	2.6
2000	1 670.1	2 253.4	1 090.7	48.4	2.3
2001	1 741.1	2 366.4	1 126.6	47.6	2.3
2002	1 834.3	2 475.6	1 135.0	45.8	2.3
2003	1 943.3	2 622.6	1 195.2	45.6	2.2

数据来源：国家统计局官方网站，http://data.stats.gov.cn/adv.htm? m=advquery&cn=C01。

其次，鉴于土地承包期限较短而且耕地有限，农民往往不需也不愿在提高农业技术上过多投入，因而造成农业科技水平停滞不前。1992 年粮食单位面积产量为 4 003.79 公斤/公顷，1998 年上升至 4 502.21 公斤/公顷，但之后却出现下降，2003 年时下降到 4 332.50公斤/公顷。

第三，农业生产力的提高不仅仅依靠农业技术、劳动时间，农田水利、道路交通等公共基础设施的建设水平，也会影响到农业生产效率。家庭联产承包责任制使得人们更关注自己的承包地，而对于公共土地的利用、公共设施的建设维护漠不关心，再加上小块田地的分散经营，造成农业生产成本、管理成本过高。进入市场经济时代后,更是出现粮价走低、农药化肥价格上涨、各种收费繁多的情况,农业收入的增长速度明显低于非农业收入和消费的增长。1992 年时农村家庭人均纯收入为 784 元,其中来自农林牧渔业的收入为 486.9 元,农林牧渔业收入占人均纯收入的 62.1%,大致可以负担 73.89% 的消费支出;到 2003 年时农村家庭人均纯收入为 2 622.2 元,其中来自农林牧渔业的收入为 1 195.5 元,占比下降到 45.6%,大致可以负担 61.5% 的消费支出。20 世纪 90 年代以来,仅凭农业收入越来越难保证农村居民的生活需求,更不要说社会保障。

在这一背景下,我国政府开始探索构建农村社会保障制度体系。根据国家"七五"计划关于抓紧建立农村社会保险制度的要求,民政部自 1986 年开始探索相关制度的制定。1991 年根据国务院指示,相关部门在山东省烟台市牟平县等地区进行了试点,1992 年在总结试点经验的基础上民政部印发了《县级农村社会养老保险基本方案》(民办发〔1992〕2 号),希望在我国有条件的农村地区逐步推广农村社会养老保险制度。根据该方案的规定,农村社会养老保险基金筹集以农民个人缴费为主、集体经济补贴为辅,实行个人账户积累制,政府适当支持的社会化、规划化的社会养老保险;同时国务院要求各地逐步恢复农村合作医疗制度。

需要注意的是,这一阶段的农村社会保障制度建设虽然开始了向社会支持、多方参与的迈进,但并没有达到预期效果。《基本方案》中规定,农村社会保险的"资金筹集坚持以个人交纳为主,集体补助为辅,国家给予政策扶持的原则。个人交纳要占一定比例;集体补助主要从乡镇企业利润和集体积累中支付;国家予以政策扶持,主要是通过对乡镇企业支付集体补助予以税前列支体现。"
该制度属于个人账户积累制,个人缴费和集体补贴全部进入个人
账户,养老金的多少按照账户积累总额计算。由于该文件中并没
有对国家和集体的投入方式和比例予以明确规定,所以在实际操
作中无论是政府的政策扶持还是集体的经济补助都没有实现。这
一制度最终沦为农民的自愿性储蓄,完全不具有风险共担的功能。
由于存在诸多问题,1999 年国务院下发通知,对农村社会养老保
险进行整顿规范,并要求停止接受新业务。审计署对全国 30 个省
(区、市)农村社会养老保险基金的审计结果表明,截至 2006 年底,
全国农保基金累计收入 512.78 亿元,支出 171.39 亿元,结余
341.39亿元。

五、以土地为基础的新型农村社会保障制度的逐步建立(2003 年以后)

20 世纪八九十年代我国对农村社会保障制度的探索可以说
并不成功。随着时间的推移,牢固的二元社会结构日益成为我国
社会经济发展、缩短城乡差距的巨大障碍,中央政府将打破城乡壁
垒、实现一体化发展作为社会经济发展工作的重要方面,而构建新
型农村社会保障制度、缩小城乡社会保障水平差异成为重中之重。

2002 年 10 月,中央政府提出各级政府要积极引导农民建立
以大病统筹为主的新型农村合作医疗制度,2003 年起这项制度在
部分地区进行试点。新型农村合作医疗制度力图通过在原有医疗
合作制度中加入部分社会保险的原则,使得农村居民能够获得真
正意义上的社会医疗保障。不同于原有的农村合作医疗制度,在

新农合的实施过程中,中央财政和各级地方财政都对参保人员给予资金补助,且补贴标准逐年增加。2009 年,在我国深化医药卫生体制改革的重要战略部署中,进一步确立了新农合作为农村基本医疗保障制度的地位。2010 年时新型农村医疗制度基本实现了全覆盖。到 2014 年各级财政对新农合参保人员的补贴已经增加到平均 320 元/人。

在叫停 1992 年开始实施的农村社会养老保险制度后,2009 年新型农村社会养老保险开始在全国试点。根据《新型农村养老保险试点意见》(国发〔2009〕32 号)的规定,这一社会保险制度也是通过个人缴费、集体补助、政府补贴来筹资,实行社会统筹与个人账户相结合的模式。从实践效果来看,虽然集体补助仍然没有实现,但这两个新制度中都明确规定了中央财政和地方财政应承担的投入责任,使得社会保险的资金来源变得稳定。

第二节　我国土地制度的变革与农村社会保障制度的关系

通过对中华人民共和国成立以来我国土地制度和农村社会保障制度变化的梳理,我们大致可以观察到两者变化的同步性,也就是说,我国农村土地产权主体变化与农村社会保障提供者的变化之间具有关联性。在多数情况下,农村社会保障制度都是随着农村土地制度和农业生产模式的变化而变化的,当土地所有权和经营权归属改变,土地收益的分配模式随之改变,就会引起提供保障的义务主体的变化。

在土改时期,农民获得了土地的所有权、经营权,政府承认土地的私有属性,在一段时期内允许农民自由买卖、租佃土地、自由雇佣劳动力、自由借贷和自由贸易,农民是那时的土地产权主体。农民通过投入劳动和其他生产资料获得产出,并享有这些产出的全部收益。由于家庭是最基本的组织单位,所以在那时拥有土地的农民(或者说农民家庭)是提供保障的义务主体。在这一时期,政府只对没有家庭又丧失劳动能力的人予以照顾。

在农业合作社时期,在党和政府的倡议引导下,土地所有权和经营权发生了转移,从农民个人手中转到了农业合作社或者人民公社,农村土地私有变为集体所有。农业合作社或者人民公社对土地、其他生产资料甚至劳动力都具有调配的权力。农民以生产组或者生产队为单位集体劳动并获得农业产出。最终的收益除了集体提留,剩余的在全体社员中完全平均分配。这一时期内,集体的经济能力大幅提升,家庭的保障功能逐渐退化,集体作为土地的所有者和收益的享有和分配者,也同时承担起越来越多的向组织内成员提供保障的责任。在这一时期,政府仍仅关注农村少数的弱势人群。

到了家庭联产承包责任制时期,虽然土地的所有权仍归村集体,但农民可以通过承包到户的方式获得土地的经营权,土地收益在国家、集体和个人之间分配。在这一时期,集体提留的部分已经很少,农民收入能够与劳动付出紧密联系起来,农民个人及家庭的收入水平以较快的速度提高,同时大多数的村集体经济实力下滑严重。农村家庭和集体经济水平的一升一降意味着保障责任主体再一次发生变化。

但是,由于整个国家及家庭的基本面情况已经与中华人民共和国成立初期不同,所以这一次土地所有权和经营权分离的改革并不会引起向家庭保障的简单回归。

从国家的经济基本面来看,总体经济实现了长时期的快速发展,2000 年以来国内生产总值从 10.03 万亿元增长到 64.40 万亿元,按可比价格计算的年均增长率达到 9.85%,2010 年时超过日本成为世界第二大经济体。而我国的财政收入增长速度更是一直超过 GDP 的增长速度。2000 年全年财政收入 1.34 万亿元,占当年 GDP 的 13.36%,2014 年时全年财政收入达到 14.04 万亿元,占当年 GDP 的 21.80%,14 年间的平均年增长率达到 19.65%。政府的财力越来越雄厚,意味着建立覆盖城乡的社会保障体系的条件已经逐渐成熟。

从国家的人口基本面来看,自 20 世纪 80 年代开始我国实行严格的计划生育制度,原则上一个家庭只能生育一个孩子,在农村地区,如果第一个孩子是女孩,则可以生育第二个孩子。这项制度使我国在短时期内实现了人口转变,总和生育率[①]从 1970 年的 5.41 迅速下降到 1980 年的 2.24,进而在 1995 年前后下降到更替水平以下。2000 年第五次人口普查时我国的总和生育率已经达到 1.22 的超低水平,2010 年第六次人口普查时进一步降低为

---

① 总和生育率(Total Fertility Rate,简称 TFR),是反映一个国家或者地区生育水平的最主要的指标。它代表着一个妇女按照某一国家或地区一定时期内的生育模式度过整个育龄期,所能够生育的子女数。总和生育率低于 2.1 时,则意味着人口处于更替水平之下,也就是说新出生的子代数量不足以替代其父母一代的数量。

1.18,即便在农村地区也只有 1.44。长期保持在超低生育率水平,使得我国的人口年龄结构发生了巨大变化,少年儿童人口比例从 1982 年的 33.59% 下降到 2014 年的 16.49%,老年人口比例从 4.91% 上升到 10.06%,老年人口抚养比从 7.98 上升到 13.69,在经济水平尚未达到富足的情况下我们已经进入老龄社会。

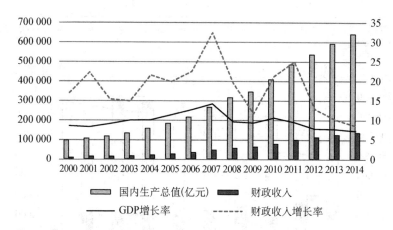

图 1-2-1 2000—2014 年我国 GDP 和财政收入的总量及增长率变动情况
数据来源:国家统计局官方网站,http://data.stats.gov.cn/adv.htm?m=advquery&cn=C01。

表 1-2-1 我国主要年份的人口发展状况 单位:亿人,%

年份	年末总人口	0～14 岁占比	15～64 岁占比	65 岁及以上占比	老年人口总抚养比
1982	10.165 4	33.59	61.50	4.91	7.98
1987	10.930 0	28.68	65.86	5.46	8.29
1990	11.433 3	27.69	66.74	5.57	8.35
2000	12.674 3	22.89	70.15	6.96	9.92
2005	13.075 6	20.27	72.04	7.69	10.67
2010	13.409 1	16.60	74.53	8.87	11.90

（续表）

年份	年末 总人口	0～14 岁 占比	15～64 岁 占比	65 岁及 以上占比	老年人口 总抚养比
2011	13.473 5	16.45	74.43	9.12	12.25
2012	13.540 4	16.46	74.15	9.39	12.66
2013	13.607 2	16.41	73.92	9.67	13.08
2014	13.678 2	16.49	73.45	10.06	13.69

数据来源：国家统计局官方网站，http://data.stats.gov.cn/adv.htm? m=advquery&cn=C01。

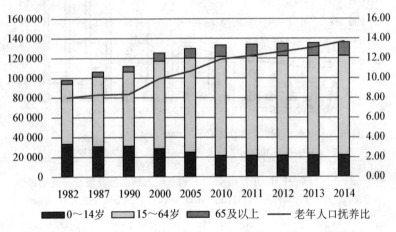

图 1-2-2　1982 年以来我国主要年份人口结构及老年人口抚养比变动

数据来源：同表 1-2-1。

　　不仅如此，家庭联产承包责任制实施以后农村劳动生产率得到提高，大量劳动力从土地中释放出来，自 20 世纪 80 年代开始"民工潮"一浪高过一浪，从最初的不到 200 万人，经过爆发式增长达到 2.74 亿人的巨大规模。从农村流出的人口中绝大部分是劳动年龄人口，他们流向城市，成为城市的建设者，同时让农村的老龄化程度更加严重。

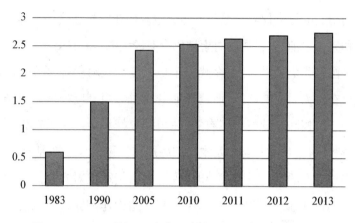

图 1-2-3 20世纪 80 年代以来我国人口流动规模变动
单位：亿人

从家庭的基本面来看,农村家庭户也呈现出小型化核心化的趋势。子女数的减少导致平均家庭规模缩小,核心化使得多代家庭的比例不断下降。这一趋势在城市和农村都同样明显。1982年第三次人口普查时全国家庭户平均规模为 4.4 人,2010 年第六次人口普查时全国家庭户平均规模为 3.02 人。如果分城乡来看,2000 年以来城镇家庭户平均规模从 3.10 人下降到 2.88 人,乡村家庭户人口规模从 3.65 人下降至 3.19 人,城乡之间平均家庭户规模的差距从 0.55 人下降到 0.31 人。家庭户人口规模下降意味着家庭的人手减少,无论是从经济水平还是人力数量上都可能会出现压力加大的情况,再加上农村家庭经济收入远低于城镇家庭,即使与改革之前相比农村家庭的境遇有所改善,其提供保障的能力还是很弱。

鉴于国家的经济实力不断增强、农村集体的经济实力大大下降、农村家庭的条件改善有限,在农村地区建立政府、集体和个人共同出资的社会保障体系是当务之急。但在农村社会保障体系构建和完善之前，农村居民对土地仍会有较大的依赖性。

由上我们可以看出，在我国土地制度和农村保障制度之间的确存在较为紧密的联系，但选择何种农村保障制度模式不仅与土地的所有权和经营权归属有关，还与国家的社会经济人口发展宏观形势、村集体财务实力及农村家庭规模和收入水平等因素有关。在宏观层面的条件没有成熟时，土地会继续承担对农村居民提供保障的责任，政府在农村社会保障制度的构建和完善方面发挥越来越重要的作用后，土地与农村居民的关系可能会有所放松。

从目前的发展情况看，土地制度与农村社会保障体系的建立和完善之间具有双向因果关系。一方面，所有权和经营权相互分离的土地制度无法带来更高的经济收益，从而使农村家庭无力负担高额保费，为城乡一体化社会保险制度的构建带来障碍；另一方面，由于缺失农村社会保障制度，无论农民进城多少年、是否还要回归农村，都不敢放弃土地这最终的保障，因此出现土地的闲置、撂荒，进而影响了土地经营效率。

综上所述，无论土地私有或公有，无论所有权、经营权合一或分离，无论责任主体是村集体或农村家庭，土地制度在中华人民共和国成立以后一直都是农民最重要和最终的保障。但时至今日，土地制度对农村经济发展、农民收入提高、城乡一体化融合的阻碍作用日益明显，必须进行改革。

第二章　我国农村社会保障的现状
特征及原因分析

第一节　我国农村社会保障的现状特征

20 世纪 90 年代,我国开始探索新型农村合作医疗之路,2002 年之后新型农村合作医疗制度在全国推开,2009 年新型农村社会养老保险制度也开始试点,它们与农村最低生活保障制度一起构成我国农村社会保障体系的主体轮廓。随着农村居民收入水平的提高和各级政府财力的增强,这一体系的保障能力明显改善。但与城镇相比,仍处于起步阶段。

一、发展水平较低的农村社会保障

与城镇社会保障体系相比,我国真正意义上的农村社会保障体系建立只有 10 多年的时间,无论是覆盖面、筹资水平、保障水平,还是管理水平都有很大的差距。在本章节中,我们将从医疗保险、养老保险和农村最低生活保障三方面加以说明。

(一) 与城镇人口相比,农村居民的社会保障覆盖面相对较低

在现代社会保障体系中,社会保险制度是主要内容。它是由国家立法规范的、面向全部或者特定社会群体建立的、按照特定规则运作的强制性社会保障制度,按照权利和义务对等以及风险共

担的原则,由参与者及特定对象缴费形成保险基金,解决参保者在养老、医疗、职业伤害、失业、生育等方面的后顾之忧。西方发达国家的社会保险制度已经实行了100多年,世界上有近200个国家和地区先后建立了社会保险制度。这一制度的建立和完善从某种角度上讲代表了社会进步,对促进社会和谐起到积极作用。我国的社会保险制度首先从城镇开始实施,包括养老保险、医疗保险、工伤保险、失业保险、生育保险等,农村的社会保险制度实施时间较迟,而且目前也仅包含养老、医疗两种。仅比较这两种主要险种的情况,我们会发现城乡差异显著。

根据国家统计局、人力资源和社会保障部等部委发布的数据显示,2010—2014年,我国城镇常住人口从6.70亿人增加到7.49亿人,其中参加了城镇职工基本医疗保险和城镇居民基本医疗保险的人数从4.32亿人增加到5.98亿人,参加了城镇职工基本养老保险和城镇居民基本养老保险的人数从2.57亿人,增加到3.65亿人①。从**常住人口的口径**来看,城镇基本医疗保险的覆盖

---

① 我国的城镇居民养老保险自2011年7月起实行,实施范围为年满16周岁(不含在校学生)、不符合职工基本养老保险参保条件的城镇非从业居民。2013年开始,城镇居民养老保险与新型农村社会养老保险逐步并轨。在本报告中2010—2011年城镇基本养老保险参保人数仅包括城镇职工基本养老保险的参保人,2012年的为职工基本养老保险和居民基本养老保险的参保人数之和,其中居民养老保险参保人数根据《2013年中国统计年鉴》中的城乡居民养老保险参保人数和同年的新农保参保人数计算得到。新农保参保人数来自全国人大常委会委员长吴邦国在第十二届全国人民代表大会第一次会议上所做的全国人大常委会工作报告,详见http://news.youth.cn/gn/201303/t20130308_2954384.htm。2013年以后城乡居民养老保险参保人数均合并公布,无法区分。但鉴于符合城镇居民养老保险参保条件的人数有限,本书假定2012年后城镇居民养老保险的参保人数始终保持2012年的水平,而新型农村社会养老保(转下页)

率从 64.50% 上升到 79.79%，城镇基本养老保险的覆盖率从 38.37% 上升到 48.72%[①]。

同一时期，我国乡村常住人口从 6.71 亿下降到 6.19 亿，其中参加了新型农村合作医疗的人数从 8.36 亿下降到 8.02 亿，参加了新型农村社会养老保险的人数从 1.03 亿增加到 4.77 亿[②]。从**常住人口的口径**来看，新农合的覆盖率从 124.57% 上升到127.38%，而农村社会养老保险的覆盖率从 15.35% 上升到 77.10%。

根据表 2-1-1 的计算结果，似乎无论基本医疗保险还是基本养老保险，农村地区的覆盖率均大幅高于城镇地区，这显然与我们的认知存在着很大的矛盾。无论是政府官方宣传，还是新闻媒体报道，或是学界研究发布，都一致认为我国农村地区的社会保险制度建设远远落后于城镇。这是城乡二元分割的结果，也是城乡一体化融合的障碍。为什么会出现表 2-1-1 这样的计算结果呢？

表 2-1-1　2010 年以来我国城乡人口及社会保险参保情况　单位：亿人，%

年份	城镇常住人口	城镇基本医疗保险		城镇基本养老保险	
		人数	覆盖率	人数	覆盖率
2010 年	6.70	4.32	64.49	2.57	38.36
2011 年	6.91	4.73	68.51	2.84	41.10

（接上页）险的参保人数为城乡居民养老保险参保人数与 2012 年城镇居民养老保险参保人数之差。表 2-1-1 的城乡养老保险参保人数据此计算得到。

① 需要注意的是，城镇基本养老保险中不包括在国家机关和事业单位就业的人口（据估计约为 3 000 万人），而这部分人口是有养老保障的。所以，仅根据城镇职工基本养老保险和城镇居民基本养老保险参保人数计算出的社会养老保险覆盖水平低于实际水平。

② 参见本页脚注 1。

（续表）

年份	城镇常住人口	城镇基本医疗保险		城镇基本养老保险	
		人数	覆盖率	人数	覆盖率
2012 年	7.12	5.36	75.34	3.28	46.07
2013 年	7.31	5.71	78.07	3.46	47.33
2014 年	7.49	5.98	79.81	3.65	48.73

年份	乡村常住人口	新型农村合作医疗		农村社会养老保险	
		人数	覆盖率	人数	覆盖率
2010 年	6.71	8.36	124.59	1.03	15.35
2011 年	6.57	8.32	126.64	3.26	49.62
2012 年	6.42	8.05	125.39	4.60	71.65
2013 年	6.30	8.02	127.30	4.74	75.24
2014 年	6.19	—	—	4.77	—

数据来源：1. 城镇及乡村常住人口数、城镇基本医疗保险参保人数、新农合参保人数均来自国家统计局年度数据，http://data.stats.gov.cn/easyquery.htm?cn=C01。
2. 城镇居民和农村养老保险参保人数的计算同上。

　　这是因为我们计算的口径与一般的计算口径不同。上文的黑体字表明，表 2-1-1 中城镇和乡村社会保险参保情况是按照常住人口口径计算的。也就是说，无论是否拥有城镇户籍，只要是在一个城镇逗留 6 个月及以上的都算作该城镇的常住人口。而常住人口规模是计算覆盖率时的分母。按照国家统计局 2014 年发布的最新版《农民工监测调查报告》，2010—2014 年我国从乡村迁入城镇的人口分别为 2.42 亿人、2.53 亿人、2.63 亿人、2.69 亿人和 2.74 亿人，也就是说，在这几年中城镇的常住人口总量较户籍登记的人口总量会多出 2.42 亿～2.74 亿人，相应地，农村的常住人口总量较户籍登记的人口总量会分别少了同等规模。

　　如果分母因为人口的乡城迁移而出现变动，那么分子是否也会同时发生变动呢？答案是否定的。

说到社会保险，就必须提及户籍管理制度。中国有着世界上最大规模的国内迁移人群，由于户籍管理制度的存在，其中绝大部分人的迁移不涉及户籍所在地的变更。由此产生了"流动人口""农民工"等一些具有特定含义的称谓。实际上，户籍管理制度在每个国家都有，并不是中国独有，但中国的户籍管理制度将公民分为农业户口和非农业户口，而且通过行政手段限制公民在地区之间的户籍转移。这样的户籍管理制度在世界范围上来看是极少的。由于户口性质还与各种社会资源和社会福利相联系，这一制度就造成了人群之间的差别，加剧了社会不平等。随着中国国力的不断提升，人民生活水平的不断提高，国家和人民的追求目标都发生了很大变化，不少执行多年且曾有利于国家进步的制度都渐渐不再适应当前的社会经济发展的要求。这其中也包括户籍管理制度。但户籍制度改革恰恰是我国社会经济改革中很难推进的一项制度。由于长时期地与经济利益和社会福利紧密联系，城镇居民成为既得利益的所有者，切断户籍与其背后种种的关联势必易受到既得利益者的反对。

当前实行的户籍管理制度诞生于 20 世纪 50 年代末期，其产生有非常复杂的政治、经济背景。在一定的历史时期内，这一制度对维持社会稳定、维护经济秩序、保障生活资料供给具有显著的积极影响。但随着中国改革开放的日益深入和成功，这一制度的消极影响日益彰显，其后果之一就是造成城乡社会保障体系的分割。在 2011 年《社会保险法》出台以前，除少数省市，我国绝大多数地区都根据户籍向居民提供社会保障，即使农民工进城务工多年，也不能被纳入城镇的社会保险体系。2011 年之后,虽然有部分农民工被纳入城镇社会保险体系,但多数人还是依靠农村社会保障。也就是说,虽然 2010 年以来每年都有超过 2.4 亿人的农民在城镇工作和生活,但他们中的大部分并没有被纳入城镇的社会保障体系之下。因此,具体到城乡社会保险覆盖率的计算,规模巨大的迁入人口对分子的影响是比较小的。

为了尽可能反映真实情况,我们根据户口性质再次计算了城乡社会保险的覆盖率,结果如表 2-1-2。数据表明,如果按照我国城乡人口的户口性质来分,2010—2012 年城镇基本医疗保险的覆盖率从 93.93％上升到 111.75％,这其中包括后来加入的农民工,城镇职工基本养老保险的覆盖率从 55.87％上升到 68.33％。而农村新型合作医疗的覆盖率不仅没有上升,反而从 94.36％下降到 91.69％,新型农村社会保险的覆盖率虽然上升很快,但也刚超过 50％。城乡之间社会保险覆盖率的差距由此可以看出。

表 2-1-2　按户口性质划分 2010 年以来我国城乡人口及参保情况

单位：亿人

年份	城镇非农业户口	城镇基本医疗保险		城镇基本养老保险	
		人数	覆盖率％	人数	覆盖率％
2010 年	4.60	4.32	93.93	2.57	55.87
2011 年	4.71	4.73	100.52	2.84	60.30
2012 年	4.80	5.36	111.75	3.28	68.33
年份	乡村农业户口	新型农村合作医疗		农村社会养老保险	
		人数	覆盖率％	人数	覆盖率％
2010 年	8.86	8.36	94.36	1.03	11.63

（续表）

年份	乡村农业户口	新型农村合作医疗		农村社会养老保险	
		人数	覆盖率%	人数	覆盖率%
2011 年	8.85	8.32	94.01	3.26	36.84
2012 年	8.78	8.05	91.69	4.60	52.39

数据来源：1. 城镇非农业户口与乡村农业户口人数来自《中国人口与就业统计年鉴》(2011—2013)，国家统计局主编，中国统计出版社。

2. 其余数据来源同表 2 - 1 - 1。

（二）与城镇社会保障水平相比，农村社会保障水平极低，养老保险尤其突出

社会保障的覆盖率反映的是社会保障体系的广度，社会保障的保障水平反映的是社会保障体系的深度。虽然从社会保障制度的覆盖率来看，城镇与农村之间仍有距离，但不能否认的是，两者之间的差距在近几年缩小得很快。但是，从社会保障水平来看，城乡之间的差距还是比较明显，特别是在养老保险方面。

1. 城乡社会养老保险的保障水平差异

在我国，除了上海等个别地区，大部分省市区的国家机关、事业单位工作人员都没有参加城镇职工基本养老保险，这一情况到2015 年才改变。2015 年 1 月 14 日，国务院颁布《国务院关于机关事业单位工作人员养老保险制度改革的决定》(国发〔2015〕2 号)，要求各省市区人民政府、国务院各部委和各直属机构，按照《中华人民共和国社会保险法》的相关规定，对机关事业单位工作人员的养老保险制度进行改革，开始在这些单位实行社会统筹与个人账户相结合的基本养老保险制度。由于本书对城乡养老保险制度比较多采用 2014 年之前的数据，因此不包括 2014 年 10 月 1 日以后

适用制度发生改变的国家机关、事业单位工作人员。

在衡量社会养老保险的保障水平时,替代率是最常用的指标。替代率是指参加社会养老保险的参保人在退休时领取的养老金与退休前工资水平的比率,它在某种程度上能够反映退休人员的生活水平。养老金替代率的计算通常是以某一年度新退休人员的平均养老金除以同一时期在职职工的平均工资。参加城镇职工基本养老保险的劳动者,退休后领取社会养老金,为了能够保障退休人员的晚年生活,养老金替代率必须要保证在一定水平。

根据国家人力资源和社会保障部发布的《2014 年度人力资源和社会保障事业发展统计公报》的数据,2014 年全国参保城镇企业职工基本养老保险的人数为 3.41 亿人,其中参保职工 2.55 亿人,参保离退休人员 0.86 亿人。养老保险基金全年征缴收入 2.04 万亿元,总支出 2.18 亿元。假定养老保险基金的支出全部用于养老金的发放,2014 年企业离退休职工的人均养老金为 25 348 元,同年我国城镇单位就业人员的平均工资为 56 339 元[①],则可以认为职工养老保险的养老金替代率大致为 44.90%。

同一来源的数据显示,2014 年全国参加城乡居民基本养老保险的人数为 5.01 亿人,其中领取实际待遇的人数为 1.43 亿人,当年城乡居民基本养老保险的个人缴费总额为 666 亿元,基金支出总额为 1 571 亿元。同样假定全部的基金支出都用于养老金的发放,则参保城乡居民基本养老保险的人均养老金为 1 098 元。根据《中国统计年鉴(2014)》的数据,2013 年我国农村家庭人均纯收

---

① 国家统计局官方网站,http://data. stats. gov. cn/easyquery. htm?cn=C01。

入为10 991元,家庭平均常住人口为3.88人、平均劳动力为2.76人,由此推算出农村家庭中每个劳动力的平均年收入为15 451元。假定这一数据在一年之间不发生变化,则2014年农村养老金的替代率为7.11%。考虑到农村家庭人均收入中有一部分是家庭经营收入,其中包含农副产品的实物折算,而养老金是以现金形式给付,所以我们以农民现金收入来重新计算替代率。2013年农村家庭人均工资性收入为9 787元,也就是每一劳动力的现金性收入为13 759元。按这一标准来计算,则农村养老金的替代率为7.98%。

比较城镇养老金和农村养老金的替代率,可以看到,无论按照总收入还是按照现金收入的口径计算,农村养老保障的水平都不到城镇的20%。

如果考察2005年以来各年城乡养老金及其替代率的变化,会发现无论从养老金绝对值还是从养老金的替代率上看,城乡之间的差距都在拉大。2005年时估算的城镇养老金为8 889元,农村养老金为695元,城镇养老金和农村养老金替代率之间的差异为34个百分点;到2013年时估算的城乡养老金差异增加到22 146元,替代率之间的差异也扩大到38个百分点。

在这里需要说明的是,在实际操作当中,当年的基金支出中会包括基金运营的管理成本,因而将全部基金作为养老金发放总额会高估人均养老金的水平。特别是在农村社会养老保险制度刚开始试点时,统筹水平很低,运营成本较高。这可能是我们估算的2005—2008年农村养老金反而高于2009年以后各年的原因。

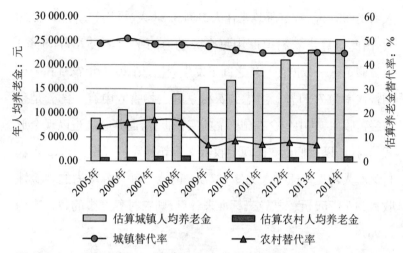

图 2-1-1 2005 年以来城乡养老金及养老金替代率变化情况

数据来源：1. 2005—2014 年人力资源和社会保障事业发展公报，国家人力资源和社会保障部，http://www.mohrss.gov.cn/SYrlzyhshbzb/zwgk/szrs/。
2. 2006—2014 年《中国统计年鉴》，国家统计局，中国统计出版社。

2. 城乡医疗保障制度的保障水平差异

与城乡社会养老保险制度的巨大差异相比，城乡医疗保障制度的保障水平较为接近。由于新农合在各地的政策细则有明显差异，又无法获得新农合与城镇医保的详细消费数据，所以，在这里我们将以河南省的政策为例，仅比较两者政策设定的差异。为了更具有可比性，我们将对城镇居民基本医疗保险和新农合进行比较。

河南省新农合的报销方式为门诊统筹（包括家庭账户资金）加住院补助。2012 年时的门诊报销方案为：参合人员在乡镇卫生院及村卫生室就诊时发生的费用，首先从家庭账户余额中扣除，超出部分按不低于 50％的比例报销，但人均门诊统筹的封顶线为 70元，家庭成员之间可以调剂使用报销额度。同年的住院报销方案为：参合人员需到定点医疗机构就诊，根据医疗机构的不同级别设定起付线，其中乡级医疗机构的起付线为 100 元，县级 400 元，市级 700～1 000 元，省级及省外 1 000～2 000 元。超出起付线的费用，乡镇卫生院的住院报销比例为 90％，县级医院为 80％，市级医院为 70％，省级医院及省外医院为 65％。大病补偿的封顶线为15 万元[①]。

河南省居民医保的报销方式与新农合一致，具体补偿标准则省内各地市的规定都不一样。总体来看，多数地区没有对门诊报销设定起付线，报销比例除安阳和三门峡为 40％外，其余均在50％以上，郑州、开封、漯河、南阳、信阳、驻马店为 60％。城镇居民医保也设定了 200～300 元不等的封顶线。住院报销也是按医疗机构的级别来确定报销比例，但居民医保的住院报销比例普遍比新农合低，在一级及以下医疗机构住院的报销比例为 70％～85％，二级医疗机构的报销比例在 60％～75％，三级医疗机构的报销比例在 55％～65％。居民医疗保险住院也设有封顶线，在 3～12 万不等。

从新农合与居民医疗保险的政策设计上看，两者之间保障水平接近，新农合的门诊报销水平稍低，住院报销比例高于居民医疗保险。

二、体系尚不健全的农村社会保障

现代社会中的社会保障体系是国家发展过程中的安全网和减

---

① 河南省卫生厅、河南省财政厅、河南省中医管理局，《关于印发〈河南省新型农村合作医疗统筹补偿方案(2012 年版)〉的通知》(豫卫农卫〔2011〕21 号)。

压阀,虽然在不同国家和不同时期其涵盖的具体内容有所不同,但其性质、目的、宗旨却是一致的。我国的社会保障体系的构建借鉴了发达国家和国际劳工组织的框架,也由社会保险、社会救助和社会福利三部分组成,其中包含了养老、医疗、工伤、失业、生育、住房等多项内容。相比较而言,城镇居民能够享有几乎所有的社会保障,而农村居民能够享有的则较为有限。

以社会保障的主要内容——社会保险为例。对于城镇居民,养老保险和医疗保险、失业保险、生育保险、工伤保险和住房公积金制度共同构成社会保险的保障体系。当然,城镇居民获得较为完善的社会保险也是分批实现的。职工基本社会保险是最先建立起来的社会保险制度,其中包括养老、医疗、工伤、生育和住房公积金。近几年,才又建立了城镇居民基本社会保险,包括养老和医疗两部分。

1991年国务院颁布了《国务院关于企业职工养老保险制度改革的决定》(国发〔1991〕33号),要求各省市区根据自身经济发展水平和实际情况,逐步建立起企业职工养老保险制度,以保证劳动者在退休后的基本生活需求得到满足。1997年又颁布《国务院关于建立统一的企业职工基本养老保险制度的决定》(国发〔1997〕26号),进一步要求各地将社会保险事业纳入本地区的国民经济与社会发展计划。

城镇职工基本医疗保险制度的建立始于1994年在江苏镇江和江西九江进行的社会统筹与个人账户相结合的社会医疗保险制度试点。1998年12月14日国务院颁布《国务院关于建立城镇职工基本医疗保险制度的决定》(国发〔1998〕44号),要求在认真总结医疗保险制度改革试点经验的基础上,在全国范围内建立城镇职工医疗保险制度。

工伤保险最先是在1994年7月5日通过的《中华人民共和国劳动法》中有所体现。该部法律的第73条中规定,"劳动者在下列情况下,依法享受社会保险待遇:(一)退休;(二)患病、负伤;(三)因工伤残或者患职业病;(四)失业;(五)生育。劳动者死亡后,其遗属依法享受遗属津贴。劳动者享受社会保险待遇的条件和标准由法律、法规规定。劳动者享受的社会保险金必须按时足额支付",之后劳动部(即后来的人力资源和社会保障部)于1996年颁布了《企业职工工伤保险试行办法》,从此工伤保险成为了一项独立的保险制度。2003年4月国务院讨论通过了《工伤保险条例》。

现行的失业保险制度是源于1986年实施的《国营企业职工待业保险暂行规定》。这项制度建立的初衷是配合国有企业改革,解决下岗失业人员的问题。到20世纪90年代,随着国企改革的不断深入,下岗失业的人员越来越多,1993年国务院又颁布了《国有企业职工待业保险规定》。但由于这两项法令的推出只是针对国有企业的富余人员,对于新形势下的失业问题并没有发挥什么作用。1999年时国务院再次发布《失业保险条例》,以保障全社会范围内的企业职工的合法权益,并促进再就业。

生育社会保险根据1994年劳动部颁布的《企业职工生育保险试行办法》来运作,由参保单位按照不超过总工资1%的比例缴纳保险费,形成生育保险基金,用于支付参保人的生育津贴和生育医疗费用。

住房公积金制度则始于1991年的上海房改方案,通过建立住房公积金筹集专项住房资金鼓励职工买房。1994 年时该项政策由国务院发文向全国推广。

由于城镇职工基本社会保险仅覆盖了正规就业的劳动者,而在城镇中还有大量非从业居民,在职工基本社会保险制度体系建立并完善后,国家又将社会保障的保护伞向更多人群张开。2007年国务院要求在有条件的省份进行城镇居民基本医疗保险的试点工作,2008 年扩大试点地区,2010 年正式在全国全面推开。2011 年《国务院关于开展城镇居民社会养老保险试点的指导意见》(国发〔2011〕18 号)颁布,意味着非从业的城镇居民也可以参加社会保险。

综上所述,我们可以看到,城镇居民的社会保险制度体系的建立和完善分为两个阶段,第一阶段是在 20 世纪 80 年代末到 90 年代,城镇从业人员的各项社会保险制度陆续建立并完善起来;第二阶段是在 2005 年以后,城镇非从业人员的社会养老和社会医疗保险制度也建立起来。至此,城镇居民基本上都被覆盖在社会保险制度体系之下,而且多数人能享有包括养老、医疗、失业、工伤、生育和住房公积金在内的非常全面的保障。

反观农村居民,在社会保险制度体系方面,仅有社会养老保险、农村合作医疗两项,其他的社会保险制度都缺失。当然,农村和城镇居民的确存在差异。例如,农村居民有宅基地而城镇居民没有,所以他们不需要住房公积金;农民拥有土地,他们不会失业是默认设定,因此也没有必要受到失业保险的保护。但农业劳动者同样会在生产经营过程中遭遇意外事故,从而面临伤残、职业病甚至死亡的风险,农村居民也同样会因为生育而损失劳动收入或在生育过程中发生医疗费用。因此,从理论上讲农村社会保险制度体系中也应该有工伤保险和生育保险。

　　在这里还需要特别指出的是对农民工群体的社会保障还有待完善。对农民工社会保障问题的关注最先从学界开始。21 世纪初期部分经济发达的省市,如上海、北京、深圳、浙江等地,开始探索外来农民工的社会保障制度。在最初的尝试阶段,各地都是为外来农民工设定了独立于本地城镇职工基本社会保险之外的制度。自 2004 年开始,中央政府出台政策,要求各地将外来农民工纳入本地的城镇职工基本保险制度。例如,为了推进农民工参工伤保险,2004 年 6 月劳动保障部发布《关于农民工参加工伤保险有关问题的通知》(劳社部发〔2004〕18 号),要求各地优先解决农民工工伤保险的问题,只要用人单位要求办理经办机构不得拒绝;而农民工参保后受到事故伤害或患职业病,则在参保地进行工伤认定、劳动能力鉴定,并按照参保地的规定依法享受工伤保险待遇。即使农民工没有参保,如果受伤或者罹患职业病,在经过鉴定后也可要求用人单位支付工伤保险费用。2010 年中央一号文件《中共中央、国务院关于加大统筹城乡发展力度,进一步夯实农业农村发展基础的若干意见》中明确指出,要将与企业建立稳定劳动关系的农民工纳入城镇职工基本医疗保险。2011 年 7 月 1 日《中华人民共和国社会保险法》正式实施,该项法律的第十条规定"职工应当参加基本养老保险,由用人单位和职工共同缴纳基本养老保险费",第九十五条规定"进城务工的农村居民依照本法规定参加社会保险",从而使农民工参加流入地的城镇职工基本养老保险有了法律保证。

　　但事实上,农民工社会保障问题的解决还有很长的路要走。

根据国家统计局发布的《全国农民工监测调查报告》,2010—2014年我国农民工从 2.42 亿人增加到 2.74 亿人,其中外出农民工从 1.53 亿人增加到 1.68 亿人,四年间的增幅分别达到 13.22% 和 9.69%,他们早已成为城镇经济发展过程中不可或缺的部分。但移居城镇的农民中有只有 5 000 多万人能够获得城镇的养老保险和医疗保险,7 300 多万人能够获得工伤保险,多数地区的失业保险、生育保险、住房公积金则都没有将他们纳入其中,更不要说最低生活保障、教育救助、医疗救助和法律救助等属于社会福利范畴的保障项目。农民工群体已经离开农村和土地,他们的生产生活方式已经发生改变,但他们中的多数人仍只能被农村社会保障体系所接纳,而农村社会保障显然并不能帮助他们有效化解在城市面临的各种风险。

三、政策碎片化严重的农村社会保障

从前文的阐述中,我们可以看到,无论是城镇还是农村,我国的社会保障制度是逐步建立和完善起来的,不少政策是在地方政府试点经验的基础上发展和推广的。农村地区的社会保障工作开始得较晚,到现在仍处于探索和完善的阶段。由于缺乏顶层设计,地区之间、各项政策之间存在着执行标准不一、跨区域转续困难、保障水平悬殊等问题。虽然 2011 年 7 月 1 日正式实施的《社会保险法》是各项社会保险制度统一的法律依据,但这部法律存在过于原则、无法指导实际操作的问题。而且这部法律主要对城镇社会保障体系作出了规定,对于农村社会保障体系中的新型农村养老保险和新型农村合作医疗都只是简单提及。再加上农村的社会养

老保险和合作医疗统筹层次较低,农村社会保障制度呈现出更严重的碎片化特征。

表 2-1-3 2014 年北京、上海部分区县新型
农村合作医疗的筹资及补偿标准

	北京		上海	
	延庆县	朝阳区	崇明县	浦东新区
筹资总额/个人缴费(元/人)	680/100	1 140/100	1 780/270	2 000/320
门诊起付线(元)	一级:100 二、三级:550	一级:100 二、三级:550	200	300
报销比例(%)	一级:55 二级:40 三级:30	一级及以下:50~55 二级及以上:35	一级及以下:70~80 二级:60 三级:50	一级及以下:70~80 二级:60 三级:50
封顶线(元)	3 000	3 000	5 000	105 000
住院起付线(元)	一级:300 二级:1 000 三级:1 300	一级:300 二级:1 000 三级:1 300	一级:200 二级:500 三级:800	一级:200 二级:500 三级:800
报销比例(%)	一级:80 二级:70 三级:50	扣除自付和起付线,5 万以下 60%,5 万以上 70%	一级:80 二级:75 三级:50	一级:80 二级:75 三级:50
封顶线(万元)	住院门诊大病 18	住院门诊大病 18	8	12

资料来源:1. 北京市新型农村合作医疗服务网站,http://shbz. beijing. cn/bjsxxnchzylfw/。

2.《2014 年崇明县新型农村合作医疗政策解读》,http://www. cmx. gov. cn/cm_website/html/DefaultSite/shcm_xxgk_zcjd/2014-03-12/Detail_70773. htm。

3.《2014 年浦东新区农村合作医疗参保须知》,http://www. pdxnh. com/newscenter/template_asp/view2. asp? id=481。

　　社会保险的统筹层次会影响保险抗风险能力的大小、基金管理效率的高低和人员流动的便利,也决定着整合城乡社会保障体系工作的难易。城乡之间、地区之间社会经济发展水平差异显著使得我国的社会保障体系建设在一开始就具有碎片化的特征。在城镇地区,随着社会保障体系的不断完善,社会保险的统筹层次有了明显提升,城镇职工基本养老保险在全国约 2/3 的省区直辖市实现了省级统筹。但在农村地区,无论是养老保险还是医疗保险,大多仍停留在县级统筹的层次上,县级政府承担了保险经办、管理和监督的主要工作。在当前的公共治理结构下,碎片化的政策架构不仅对县级财政造成较大压力,还带来诸如基金运行成本上升、基金的保值增值难以保证、地区间的基金调剂难以实现等问题,同时也阻碍了参保人员的地区间流动。

　　政策架构碎片化导致了在资金筹集、待遇享有等方面存在地区之间的显著差异。以北京市和上海市为例。2014 年北京市各区县的新农合筹资标准为 640～1 140 元,其中参保农民个人缴费均为 100 元,市、区、乡镇财政补贴标准各异,顺义、朝阳等个别区还规定村集体的缴费额度。上海市各区县的新农合筹资标准比北京高出很多,崇明县为 1 780 元,浦东新区达到 2 000 元,这两个区县的个人缴费分别为 270 元和 320 元。从新农合的补偿来看,上海的门诊和住院起付线以及住院封顶线均低于北京,而门诊封顶线和报销比例高于北京。如果将北京、上海的情况与欠发达省份相比,则差距会更加明显。

第二节　我国农村社会保障陷入困境的原因分析

一、有限的政府投入

（一）由来

资源分配的重城轻乡在我国有着较长的历史。中华人民共和国建立初始,经济处于停滞甚至倒退的境况。当时,国家经济中小农经济占据绝对优势,农业产值占 GDP 的比重超过 70％,工业的比重不到 30％,农业就业人口占当时劳动力总数的 85％左右[①]。为了保障国家政治独立和国防安全,中国必须在短时间内实现超常规的经济增长并使得传统小农经济占主导的局面得以扭转。为此,中华人民共和国领导人确立了实行重工业优先发展的"赶超"战略,希望通过扭曲产品和要素价格、以计划安排替代市场机制,突破当时资金缺乏和生产力低下的束缚,加快实现工业化。

由于这一发展战略与当时国内的资源禀赋特点及资源动员能力相矛盾,为了确保赶超战略得以实施及实现,一系列排斥市场机制作用的宏观经济政策被制定出来。这些制度包括:第一,通过"统收统支"的金融管理体制保障有限的资金能够被优先安排到重点产业和工程中,同时实行低利率政策,以配合战略目标的实现;第二,建立由国家统一管理的外汇外贸制度,以满足国内稳定金融

----

① 《中国统计年鉴(1981)》,国家统计局主编,中国统计出版社 1981 年版。

物价、刺激出口的发展需求;第三,建立高度集中的按计划运行的物资管理制度,以保证被压低了价格的生产要素和产品能够流向重点部门;第四,建立农产品"统购统销"制度,确保国家能够完全控制农业生产。而在计划经济体制下,政府为了对各产业部门(特别是农业与工业部门之间)的劳动力进行有效配置、控制农村劳动力大量流向城市,又实施了城乡有别的、限制人口流动的户籍管理制度。

1958年最终确立的户籍管理制度有两个特征:一方面,户籍管理制度除了具有人口信息统计的功能,更重要的是对公民进行身份定格。公民的户口被分为农业户口和非农业户口,公民的户籍身份一旦确定就很难改变,特别是农业户口。身份定格功能使得人们不再能够自由迁移。从地域流动方面看,1964年国务院批转的公安部相关规定要求对两类情况进行严加限制,一是对农村人口向各级各类城市和城镇的迁移严加限制;二是对小城镇人口向城市的迁移严加限制。从身份变动方面看,1977年时国务院第一次正式提出农业户口转非农业户口要严格控制,根据这一原则,公安部制定了农业户口转非农业户口的控制指标,将每年从农村迁入城市和城镇的人口数量限制在当地非农业人口的1.5‰。近年来,我国的户籍管理制度改革一直在推进,对于县级以下城镇的落户限制已经全面放开,但对于省会城市仍处于有限放开的状态,而对北上广深等特大型城市,仍然实行严格的人口控制政策。

另一方面,户籍管理制度与资源分配和社会福利等紧密相连,因而不同地区、不同性质的户籍意味着能够享有的社会福利天差地别。为了保证工业部门劳动力能够获得价格低廉的生活资料,维持这部分劳动力的自我再生产,国家将户口与粮食供应紧密联系在一起。为了进一步保证城市实现充分就业,国家又规定企业不得私自招工,只有具有本地的非农业户口的人才能获得就业机会。之后,户口制度逐渐与越来越多的资源分配和社会福利相联系,包括副食品和燃料供给、生产资料供给、公费医疗、基础教育、养老保险、婚姻生育等各个方面。一个人拥有了城市非农业户口,就意味着他从生到死的整个生命过程都处于有保障的状态下,反之,则只能靠土地来维持生存。由于我国地域辽阔,各地区的发展水平极不平衡。在这样的制度安排下,户籍意味着巨大的经济利益差异。同样是城市非农业户口,上海、北京等特大城市居民能够获得的就业机会、公共服务数量和质量、社会保障水平与偏远内陆地区的城市居民也大相径庭。

表 2-2-1　上海市 1950 年以来户口净迁移的变动情况　单位：万人

年份	户籍人口数	出生人口数	死亡人口数	净迁移人口数
1949 年	502.92	—	—	—
1950 年	492.73	11.35	3.84	−17.70
1951 年	552.20	24.26	7.43	42.64
1952 年	572.63	21.98	4.93	3.38
1953 年	615.24	25.61	5.26	22.26
1954 年	662.71	33.70	4.55	18.32
1955 年	623.10	27.20	5.28	−61.53
1956 年	634.94	24.87	4.15	−8.88
1957 年	689.69	30.47	4.02	28.30
1958 年	750.80	27.30	4.46	38.27
1959 年	1 028.39	28.13	6.97	256.43
1960 年	1 056.30	28.91	7.16	6.16

（续表）

年份	户籍人口数	出生人口数	死亡人口数	净迁移人口数
1961 年	1 058.99	23.72	8.12	−12.91
1962 年	1 057.86	27.67	7.66	−21.14
1963 年	1 073.64	32.26	7.44	−9.04
1964 年	1 086.22	22.31	6.64	−3.09
1965 年	1 093.79	18.58	6.20	−4.81
1966 年	1 095.83	15.95	5.82	−8.09
1967 年	1 105.72	13.77	5.60	1.72
1968 年	1 108.97	16.47	5.87	−7.35
1969 年	1 093.99	16.30	5.19	−26.09
1970 年	1 072.55	15.10	5.41	−31.13
1971 年	1 066.82	13.03	5.60	−13.16
1972 年	1 064.11	11.54	5.93	−8.32
1973 年	1 070.01	10.94	5.84	0.80
1974 年	1 073.78	9.85	6.25	0.17
1975 年	1 076.72	10.14	6.47	−0.73
1976 年	1 081.30	11.04	6.63	0.17
1977 年	1 086.47	11.72	7.05	0.50
1978 年	1 098.28	12.36	6.82	6.27
1979 年	1 132.14	13.76	6.81	26.91
1980 年	1 146.52	14.31	7.39	7.46
1981 年	1 162.84	19.38	7.44	4.38
1982 年	1 180.51	21.68	7.35	3.34
1983 年	1 194.01	17.80	8.19	3.89
1984 年	1 204.78	16.38	7.82	2.21
1985 年	1 216.69	15.43	8.10	4.58
1986 年	1 232.33	17.75	7.93	5.82
1987 年	1 249.51	19.02	8.27	6.43
1988 年	1 262.42	16.53	8.47	4.85
1989 年	1 276.45	15.91	8.43	6.55
1990 年	1 283.35	13.12	8.63	2.41
1991 年	1 287.20	10.08	8.56	2.33

年份	户籍人口数	出生人口数	死亡人口数	净迁移人口数
1992 年	1 289.37	9.37	9.10	1.90
1993 年	1 294.74	8.40	9.40	6.37
1994 年	1 298.81	7.63	9.42	5.86
1995 年	1 301.37	7.11	9.79	5.24
1996 年	1 304.43	6.79	9.77	6.04
1997 年	1 305.46	6.42	9.57	4.18
1998 年	1 306.58	6.17	10.13	5.08
1999 年	1 313.12	6.56	9.54	9.52
2000 年	1 321.63	6.95	9.45	11.01
2001 年	1 327.14	5.76	9.34	9.09
2002 年	1 334.23	6.20	9.67	10.56
2003 年	1 341.77	5.73	10.07	11.88
2004 年	1 352.39	8.09	9.65	12.18
2005 年	1 360.26	8.25	10.23	9.85
2006 年	1 368.08	8.12	9.80	9.50
2007 年	1 378.86	10.08	10.22	10.92
2008 年	1 391.04	9.67	10.70	13.21
2009 年	1 400.70	9.23	10.67	11.10
2010 年	1 412.32	10.02	10.87	12.47
2011 年	1 419.36	10.15	11.11	8.00
2012 年	1 426.93	12.11	11.74	7.20

数据来源：1. 2000 年以前数据来自《上海市国民经济和社会发展历史统计资料1949—2000 年》，上海统计局编，中国统计出版社，2001 年版。
2. 2001—2012 年数据来自《上海统计年鉴（2013）》，上海统计局编，中国统计出版社，2013 年版。

虽然赶超战略是在经济落后、政权不稳的特定历史时期下的必然选择，为之后的经济迅速恢复和发展打下了较好基础，但不可否认的是我国农村的落后，很大程度上源于这一战略。壁垒分明的二元发展结构带来的是城乡居民在收入分配、公民权利和社会阶层等方面的不平等。由于对土地保障功能的过高判断,再加上财力不足的现实,我国政府选择了优先构建城镇社会保障制度的做法。从某种角度上看,这是在社会发展领域的又一次"剪刀差"发展战略。可以说,城镇居民社会保障权利的获得是以农村居民社会保障权利的缺失为代价的。

(二) 现实

长期二元发展格局带来的城乡断裂的局面,最终成为我国经济发展的障碍。在从计划经济向市场经济转变的过程中,生产要素自由流动是关键。但由于严格的户籍管理以及与该制度紧密联系的社会保障和社会福利制度,劳动力的自由流动受到很大制约。另一方面,落后的农村也影响到城市的发展根基。因此,党中央在第十六届三中全会时明确提出促进城乡统筹发展、实现城乡社会保障一体化的目标。之后,新型农村合作医疗和新型农村社会养老保险制度开始在全国试点并推广。

自 2003 年以来,政府对新农合的补贴从最初的最低 10 元/人上升到 2015 年的最低 380 元/人,在北京、上海等经济发达地区,政府的补贴已经接近甚至超过 1 000 元,政府对于新农保的补贴力度也有明显加大。但由于农村社会保险的筹资基本由政府和农民参保人承担,村集体或其他社会力量投入几乎为零,而农民收入水平很低,所以政府的投入还是不能满足农民的需求。如果与财政收入水平比较,政府的投入力度还需要进一步加强,特别是中央政府。

2005 年我国新农合参保人数为 1.79 亿人,按照人均 20 元的政府补贴标准,当年财政补贴总额为 35.8 亿元,占当年全国财政

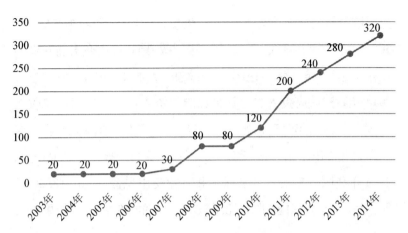

图 2-2-1 2003 年以来各级政府对新农合补贴标准变动 单位: 元/人

数据来源: 2003—2015 年国家计生委办公厅《关于做好新型农村合作医疗工作的指导意见》,国家卫计委官方网站,http://www. nhfpc. gov. cn/jws/s3581sg/201407/d8abe06c1 a2d4c17b78e7b14c860579a. shtml。

总收入的比例为 0.11%,2008 年新农合参保人数达到 8.15 亿人,人均补贴上升至 80 元,当年补贴总额达到 652 亿元,占全国财政总收入的比重超过 1%,2014 年新农合参保人数 8.02 亿,政府对新农合的人均补贴标准上升至 320 元/人①,当年各级财政对新农合的补贴总额为 2 566.4 亿元,占全国财政总收入的 1.83%。数据表明,近年来政府对于农村新型合作医疗制度的资金投入的确有了明显增加,但与我国经济产出和财政收入的增幅相比,这样的增长速度显然并不快。

而根据人力资源和社会保障部的事业发展统计公报,2014 年

① 国家卫生和计划生育委员会基层卫生司,《关于做好 2015 年新型农村合作医疗工作的通知》(国卫基层发〔2015〕4 号),http://www. moh. gov. cn/jws/s3581sg /201501/98d95186d494472e8d4ae8fa60e9efc5. shtml。

全国城乡居民基本养老保险基金收入 2 310 亿元,其中个人缴费
666 亿元,假定其余收入均来自各级财政,则各级财政对新农保的
投入总额为 1 644 亿元,占当年财政总收入的 1.17%。也就是说,
2014 年我国政府投入农村社会保险的资金仅占当年财政总收入
的 3%,仅占当年财政总支出的 2.78%[1]。即使与国家财政社会保
障和就业支出相比,各级政府对农村社会保险的投入也是很低的。
2014 年我国国家财政社会保障和就业支出总额为 15 913.40 亿
元,对农村社会保险的投入仅占该项支出的 26.45%。如果将城

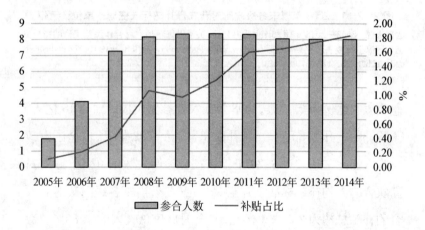

图 2-2-2　2005—2014 年新农合参保及政府补贴占比的变动情况
单位:亿人

数据来源:1. 新农合参保人数数据来自《中国卫生统计年鉴(2010—2014)》,中华人民共
和国卫生部编,中国协和医科大学出版社。

2. 全国财政总收入数据来自《中国统计年鉴(2015)》,国家统计局主编,中国统计出版社。

3. 财政补贴占比根据参保人数、人均补贴标准和全国财政总收入计算得到。

---

[1] 根据国家统计局年度数据计算得到,http://data.stats.gov.cn/easyquery.htm?
cn=C01。

镇非农业户籍人口和农村农业户籍人口的规模考虑进去,政府对于农村社会保障的投入就显得更加不足。

表 2-2-2　2003 年以来新农合参保人数、政府补贴变动情况

单位:万人,亿元

年份	参合人数	各级财政补贴总额	补贴占比
2005 年	1.79	35.80	0.11
2006 年	4.10	82.00	0.21
2007 年	7.26	217.80	0.42
2008 年	8.15	652.00	1.06
2009 年	8.33	666.40	0.97
2010 年	8.36	1 003.20	1.21
2011 年	8.32	1 664.00	1.60
2012 年	8.05	1932.00	1.65
2013 年	8.02	2 245.60	1.74
2014 年	8.02	2 566.40	1.83

数据来源:同图 2-2-2。

二、较低的农民收入

从发展历程来看,社会保障制度是生产力发展到一定阶段的产物,是随着工业化、城市化的深入而不断完善的,其建立的基础是生产的规模化、集约化,高效率的生产方式会带来更高的产出,会使得人们的收入水平提高,从而具有负担社会保障必要成本的能力。但我国的现实却是:一方面家庭联产承包责任制虽然让农民公平地获得土地,却也造成农业生产碎片化的后果;另一方面,农业生产成本上升快于农业产出,农民增收缓慢。

虽然我国有着 960 万平方公里的广袤国土,但山地多平地少,

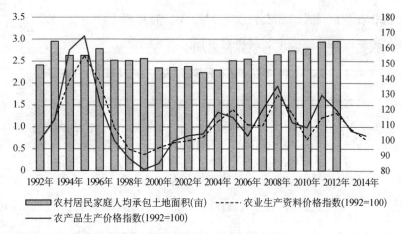

图2-2-3 1992年以来我国农村居民人均承包土地及农业生产价格指数变动情况

数据来源：国家统计局官方网站，http://data.stats.gov.cn/adv.htm?m=advquery&cn=C01。

农业用地人均占有量少，农村家庭的人均承包土地的数量也就不多。1992年时农村居民家庭人均承包土地面积为2.4亩（含耕地、林地、果园、水域面积），1993年时增加到3亩，但之后就逐年下降，2003年时下降至最低点2.24亩。自2004年开始人均承包土地的面积有所回升，2012年时达到2.96亩。这样的土地规模显然无法实现规模经营。

为了比较农业生产的成本和收益变化情况，我们考察了1992年以来农业生产资料价格指数、农产品生产价格指数、主要农业生产投入情况及主要农业产出情况。其中农业生产资料价格指数是反映一定时期内农业生产资料价格变动的趋势和程度的相对指标，农产品生产价格指数是反映一定时期内农产品生产者出售农产品的价格水平的变动趋势和程度的相对指标，主要农业生产投入以农用柴油使用量、农药使用量、农用塑料薄膜使用量、农用化肥施用量四个指标表示,主要农业产出则以粮食总产量和油料总产量表示。

表 2-2-3 1992 年以来农村居民家庭人均土地承包及农业生产价格指数

年份	农村居民家庭人均承包土地面积(亩)	农业生产资料价格指数(1992=100)	农产品生产价格指数(1992=100)
1992 年	2.40	100	100
1995 年	2.63	155	168
2000 年	2.35	95	85
2001 年	2.36	98	99
2002 年	2.38	100	103
2003 年	2.24	102	104
2004 年	2.30	112	118
2005 年	2.51	120	115
2006 年	2.55	110	103
2007 年	2.62	109	120
2008 年	2.65	130	135
2009 年	2.74	117	111
2010 年	2.78	100	108
2011 年	2.94	115	129
2012 年	2.96	118	120
2013 年	—	107	106
2014 年	—	100	103

数据来源:国家统计局官方网站,http://data.stats.gov.cn/adv.htm? m=advquery& cn=C01。

表 2-2-3 数据表明,1992 年以来无论是农业生产资料价格还是农产品的出售价格指数都围绕 100 上下波动,分别形成四个波峰和四个波谷,但总体而言两者变动呈现一致性,且农产品生产价格指数在多数年份还略高于农业生产资料价格指数。但这并不表明农业生产的收益就会大于成本。表 2-2-4 的数据表明,

表 2 - 2 - 4 1992 年以来农村投入及产出品变动情况 单位：万吨

年份	农用柴油使用量	农药使用量	农用塑料薄膜使用量	农用化肥施用折纯量	粮食产量	油料产量
1992 年	938.30	79.92	78.06	2 930.20	44 265.80	1 641.15
1995 年	1 087.80	108.70	91.55	3 593.70	46 661.80	2 250.34
2000 年	1 405.00	127.95	133.54	4 146.41	46 217.52	2 954.83
2001 年	1 485.25	127.48	144.93	4 253.76	45 263.67	2 864.90
2002 年	1 507.47	131.13	153.08	4 339.39	45 705.75	2 897.20
2003 年	1 574.63	132.52	159.17	4 411.60	43 069.53	2 811.00
2004 年	1 819.47	138.60	168.00	4 636.60	46 946.95	3 065.91
2005 年	1 902.66	145.99	176.23	4 766.22	48 402.19	3 077.14
2006 年	1 922.78	153.71	184.55	4 927.69	49 804.23	2 640.31
2007 年	2 020.81	162.28	193.75	5 107.83	50 160.28	2 568.74
2008 年	1 887.85	167.23	200.69	5 239.02	52 870.92	2 952.82
2009 年	1 959.89	170.90	207.97	5 404.40	53 082.08	3 154.29
2010 年	2 023.12	175.82	217.30	5 561.68	54 647.71	3 230.13
2011 年	2 057.44	178.70	229.45	5 704.24	57 120.85	3 306.76
2012 年	2 107.65	180.61	238.30	5 838.85	58 957.97	3 436.77
2013 年	2 154.90	180.19	249.32	5 911.86	60 193.84	3 516.99
2014 年	2 176.30	180.69	258.02	5 995.94	60 702.61	3 507.43

数据来源：同表 2 - 2 - 3。

1992年以来农业生产投入的增长幅度是大于农业产出的增长幅度的。22年间我国农业生产中农用柴油的使用量增长了1.32倍,农药使用量增长了1.26倍,农用塑料薄膜使用量增长了2.31倍,但同期的粮食总产量仅增长了37%,油料总产量增长了1.14倍。在价格相差不大的情况下,生产资料投入量的增加多于产出量的增加,也就意味着农业成本的支出增长快于农业产品的收入增长,因此,农民通过农业获得的净收入增长会放缓。表2-2-5的数据印证了这个推论。

1992年我国农村居民家庭人均纯收入为784元,其中经营性纯收入为561.6元,农村人均纯收入占全部收入的71.83%,到2014年时人均纯收入达到9 698.20元,其中经营纯收入为3 520.10元,占比下降到36.30%。如果分阶段来看,1992—2002年经营性纯收入占比下降了11.56个百分点,而在2000—2014年经营性纯收入下降了23.75个百分点,经营性纯收入占比在后一阶段中下降得更快些。

将农村居民的收入构成细分后观察,会发现家庭经营性收入的增长速度是最慢的。这22年间农村家庭人均纯收入增长了11.37倍,其中农业经营纯收入仅增长了5.27倍,包括工资性收入、财产性收入和转移性收入在内的其他收入增长了27.78倍,也就是说农村居民家庭人均收入的增加大部分归功于非农业经营收入,特别是工资性收入。数据表明,仅靠土地和劳动的结合对于农民增收而言可能并不是很有效,如果不改变现有的生产方式,土地的产出甚至都无法维持农村家庭的基本生存需要。

如果比较同时期的城镇居民家庭人均可支配收入和农村居民

表 2 - 2 - 5　1992—2014 年我国农村家庭人均纯收入变动情况　单位:元,%

年份	人均纯收入	人均家庭经营纯收入	人均其他收入	人均纯收入	人均家庭经营纯收入	人均其他收入
1992 年	784.00	561.60	222.40	100	71.63	28.37
1995 年	1 577.70	1 125.80	452.00	100	71.36	28.65
2000 年	2 253.40	1 427.30	826.10	100	63.34	36.66
2001 年	2 366.40	1 459.60	906.80	100	61.68	38.32
2002 年	2 475.60	1 486.50	989.10	100	60.05	39.95
2003 年	2 622.20	1 541.30	1 081.00	100	58.78	41.22
2004 年	2 936.40	1 745.80	1 190.60	100	59.45	40.55
2005 年	3 254.90	1 844.50	1 410.40	100	56.67	43.33
2006 年	3 587.00	1 931.00	1 656.10	100	53.83	46.17
2007 年	4 140.40	2 193.70	1 946.70	100	52.98	47.02
2008 年	4 760.60	2 435.60	2 325.00	100	51.16	48.84
2009 年	5 153.20	2 526.80	2 626.50	100	49.03	50.97
2010 年	5 919.00	2 832.80	3 086.30	100	47.86	52.14
2011 年	6 977.30	3 222.00	3 755.30	100	46.18	53.82
2012 年	7 916.60	3 533.40	4 383.30	100	44.63	55.37
2013 年	8 747.1	3 378.00	5 369.10	100	38.62	61.38
2014 年	9 698.20	3 520.10	6 178.10	100	36.30	63.70

数据来源:《中国统计年鉴(2015)》,国家统计局编,中国统计出版社版。

家庭人均纯收入的变化,农村居民收入增长缓慢就表现得更加明显。在 1992—2014 年农村家庭年人均纯收入从 784.0 元上升到 9 892.0 元,绝对值共增加了 9 108 元,按照不变价格计算的年均增长率为 6.99%。同一时期,城镇居民家庭人均可支配收入从 2 027.6 元上升到 29 381.0 元,绝对值共增加了 27 354.4 元,年均增长率为 8.17%。城乡居民人均收入的绝对值差距从 1992 年的 1 242.6 元扩大到 19 489.0 元。无论从哪个方面看,城乡居民的收入差距都在扩大。

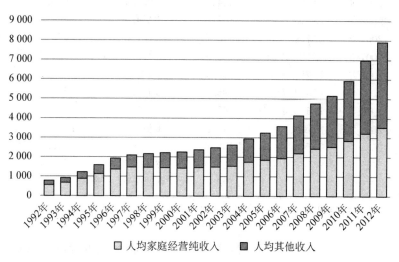

图 2-2-4　1992—2012 年我国农村家庭人均收入结构变动　单位:元
数据来源:《中国统计年鉴(2015)》,国家统计局编,中国统计出版社。

　　农民收入较低对农村社会保障体系构建带来的直接后果就是无力承担社会保险的缴费。根据现有的政策设计,中央政府向新农保参保人支付基础养老金,2014 年时的支付标准为每月每人 70 元,其余部分则是将新农保个人账户的余额除以 139 个月得到。

表 2 - 2 - 6 1992 年以来城乡居民人均收入变动 单位：元

	城镇居民人均可支配收入		农村居民人均纯收入	
	绝对数	指数 (1978＝100)	绝对数	指数 (1978＝100)
1992 年	2 026.6	232.9	784.0	317.4
1995 年	4 283.0	290.3	1 577.7	383.6
2000 年	6 280.0	383.7	2 253.4	483.4
2001 年	6 859.6	416.3	2 366.4	503.7
2002 年	7 702.8	472.1	2 475.6	527.9
2003 年	8 472.2	514.6	2 622.2	550.6
2004 年	9 421.6	554.2	2 936.4	588.0
2005 年	10 493.0	607.4	3 254.9	624.5
2006 年	11 759.5	670.7	3 587.0	670.7
2007 年	13 785.8	752.5	4 140.4	734.4
2008 年	15 780.8	815.7	4 760.6	793.2
2009 年	17 174.7	895.4	5 153.2	860.6
2010 年	19 109.4	965.2	5 919.0	954.4
2011 年	21 809.8	1 046.3	6 977.3	1 063.2
2012 年	24 564.7	1 146.7	7 916.6	1 176.9
2013 年	26 955.1	1 227.0	8 895.9	1 286.4
2014 年	29 381.0	1 310.5	9 892.0	1 404.7

数据来源：同图 2 - 2 - 4。

若希望新农保养老金的替代率达到城镇职工基本养老保险的
44％的水平，即使不考虑通胀等因素，按 2014 年的人均收入水平
计算，参保人个人账户中的余额至少要达到 31 000 元左右，因为
新农保要求的缴费年限为 15 年，则每年的保费不得低于 2 066
元，这一缴费水平甚至超出了目前政策规定的最高标准，相当于
2014 年农村居民家庭人均纯收入的 20.89％。这么高的缴费显然
是农村居民所无法承受的。

三、不足的集体收益

根据财政部2004年印发的《村集体经济组织会计制度》规定，村集体经济组织的收益包括村集体经济组织进行各项生产、服务等经营活动时取得的经营收入，由农户和其他单位承包集体土地时上交的承包金以及村办企业上交的利润，村集体经济组织按有关规定收到的财税部门返还的农业税附加、牧业税附加等资金，村集体经济组织获得的财政等有关部门的补助资金，以及其他收入。在我国，村集体经济组织的收益一度是农村社会保障和公共服务的重要资金来源。

《科学发展观百科辞典》对新农合的定义是"由政府组织、引导、支持，农民自愿参加，个人、集体和政府多方筹资，以大病统筹为主的农民医疗互助供给制度"，对新农保的定义是"通过个人、集体、政府多方筹资，将符合条件的农村居民纳入参保范围，达到规定年龄时领取养老保障待遇，以保障农村居民年老时基本生活为目的，带有社会福利性质的一种社会保障制度"。从中可以看出，即使在目前，集体经济组织仍被作为社会保险的重要筹资来源之一。但在制度的执行过程中，集体的投入基本可以忽略不计，无论是农村的医疗保险还是养老保险，筹资基本上都依靠个人和政府实现。

造成这种状况的原因很大程度上是由于当前农村集体经济不振。在中华人民共和国成立初期的人民公社时期，农民的劳动成果都上交集体，因而农民的各种福利也由集体完全负担。改革开放以后，土地都承包到家庭，农民除了向国家缴纳一定数量的公粮外,其余的劳动剩余自留。这一制度一方面释放了农民的劳动热情,使得农业生产效率有所提高,但另一方面也让农民只关心家庭的经营状况而忽略了村集体,其结果是村集体基本没有经济积累。虽然,在乡镇企业超常规发展的阶段有一些村的集体经济实力得到恢复,但在多数地区,村集体基本是名存实亡。

贵州省遵义县委组织部在 2015 年时对县内的村集体经济发展状况进行了调研。他们发现在调研的 34 个村、16 个社区中,只有 17 个村集体有经营性收入,其余的都依靠镇政府的拨款、社会抚养费返还款等维持村委会的运转。而在有经营性收入的村里,不少依靠的是为企业生产提供服务所取得的"协调费"和"赞助费",实际上并没有具有生命力的经营项目。这一类村集体的收益不够稳定,一旦企业转移或者取消合同,则收益也会消失[1]。

而本课题进行的问卷调查则发现,即使村集体有一定的经营性收入,由于种种原因也较难转化为村民的实际收入。调查显示,有的村集体将经营性收入投入了村基础设施的建设中,有的村集体只记账不分配,村民们很难从集体资产的增值中获得真实的好处。

四、有憾的制度设计

社会经济有序运行有赖于由国家创制并强制实施的法律体系,其中由全国人民代表大会这一最高权力机关通过的法律具有

---

[1] 中共遵义县委组织部课题调研组:《关于发展村级集体经济的调查与思考》,人民网 http://dangjian. people. com. cn/n/2015/0116/c117092-26400412. html。

最高的约束力,其他法规、条例等均不得违反。在社会保障体系完善的国家,基本都有相关法律,当社会保障制度需要进行调整时,往往要先对相关法律条文进行修订。我国的社会保障体系构建时间不是很长,在 2011 年《社会保险法》实施以前,相关制度都是由地方各级政府按照国务院的指导性文件制定可执行的细则,因而在筹资方式、运行模式、补偿标准等方面都有很大差异。由于这些政策和实施意见的法律效力不够高,所以具有一定的风险性和不稳定性。

2010 年 10 月颁布的《中华人民共和国社会保险法》是我国关于社会保障体系构建的专门法律。但从其内容来看,这部法律主要针对的是城镇社会保险制度,它明确规定了城镇企业职工基本养老保险、基本医疗保险、工伤保险、生育保险和失业保险的参保范围、缴费标准、待遇给付、基金保值增值、社会保险监督等内容,对新型农村社会养老保险和新型农村合作医疗只是简单提及。对于新农保,只在第二十和二十一条中对筹资主体及保险待遇的组成作出规定;对于新农合,只在第二十四条中提出要建立和完善该项制度,具体管理办法由国务院制定①。也就是说,农村社会保障体系的构建仍缺乏相应的法律支撑。

实际上,我国的农村社会保障体系的构建都是从试点开始的,在制度运行和财务管理等方面地方政府具有很大的话语权,相关规章制度的规定除了遵照中央政府的一些原则性规定,更多是从

---

① 《中华人民共和国社会保险法》,全国人民代表大会通过,全国人民代表大会常务委员会 2010 年 10 月 28 日颁布,2011 年 7 月 1 日开始实施。

本地社会经济发展的实际出发,地方特征明显。这无疑将成为未来统筹层次提高和城乡社会保障一体化建设的障碍。从另一方面来看,由于新农合与新农保更多按照政策施行,本身可能存在与现行法律相冲突的地方,这些瑕疵会影响到制度的可信度,最终危及制度的可持续运行。但需要指出的是,农村社会保障相关法律的完善也需要以农村经济发展和农民增收为基础。只有当农民和农村的经济实力足以承担社会保障所需要的成本时,用以统一规范农村社会保障体系建设的法律才能发挥作用。

另外,农村社会保障制度设计有缺陷且缺乏相应的制度支撑体系,也是目前农村社会保障问题多多的原因之一。以新型农村社会保险制度为例。原有的农村社会保险制度设计中,筹资是以农民个人缴费为主,集体补贴为辅,国家进行适当补助,由于农民和集体的缴费能力都非常有限,使该制度基本无法实行。在新型农村社会保险制度中特意明确了政府的筹资责任,使得新农保有了较为稳定的资金来源。但新政策中没有充分考虑养老金替代率的问题再加上农民缴费进入个人账户后保值增值能力较弱,所以新农保的保障水平比较低。而且,在该制度中也没有对筹资、待遇领取等的动态调整予以规定。

综上所述,我们可以较为清楚地看到,完善农村社会保障体系归根结底是在保证政府投入的基础上提高农村经济发展水平和农民收入水平。这正是我国政府自 21 世纪以来工作的重点之一。连续 10 多年的中央一号文件无不反映出发展农业生产、搞活农村经济和提高农民收入的主题。但正如我们在前文所说,如果不能实现农村经济结构的转变,仅靠碎片化、自耕农式的生产方式,则既无法实现农业生产率的大幅度提升,也谈不上让农民增收,因此,需要另外寻找能够让农民获得额外收益的渠道。而土地是最为可能的来源。

从世界各国的经验来看,土地作为不可再生资源,其价值会随着城市化进程提升。我国的实践也印证了这一点。这使得土地不仅仅是生产要素,更具有资产性的功能。当土地能够流转,其在流通环节的增值将有可能极大提升村集体的经济实力,进而给村集体的成员带来直接收益。

第三章 土地因素对农村社会保障
供求影响的理论分析

社会保障是国家制度体系的重要组成部分,它的完善与否影响到国家财富的再次分配,因而是调节经济发展、缓和社会矛盾、促进社会公平的重要环节。社会保障的内涵较广,包括社会保险、社会救助、社会福利、社会优抚等部分。这其中社会保险是核心内容,社会救助、社会福利以及社会优抚是重要补充。按照公共经济学理论中关于公共产品和私人产品的划分标准,社会保障属于两者之间的准公共产品。在建立和完善社会保障体系的过程中,供给和需求是无法绕过的问题。本章将首先从供求关系的角度来分析农村社会保障,并研究土地在其中所起的作用。

第一节 农村社会保障供求的理论分析

一、社会保障的准公共产品属性

在新政治经济学中,公共产品理论这一核心思想,被认为是处理政府与市场关系、转变政府职能、平衡公共财政收支、实现公共服务市场化过程中的指导性理论。这一理论的基础与前提是区分公共产品与私人产品。公共产品是由以政府为代表的国家机构提供,用以满足社会公共需要的商品和服务。关于公共产品的最经典的阐述是萨缪尔森在《公共支出的纯理论》中提出的,即纯粹的公共产品是指每个人消费这种产品或服务不会导致别人对该产品的消费的减少,作为纯公共产品的重要特性就是效用的不可分割性、消费的非竞争性和受益的非排他性(萨缪尔森,1954)。

萨缪尔森用公式 $X = \sum_{i=1}^{n} X_i$ 和 $X = X_i$ 来区分私人产品和公共产品,前一个公式的含义是某一商品的总量 X 等于每一个消费者所拥有或消费的该商品数量的总和,也就是说这一商品是可以在消费者之间分割的,这是私人产品;后一个公式的含义是说对于任意一个消费者来说他消费的产品数量就是该产品的总量,也就是说对所有人而言这一产品都是一样的,是不能分割的,这是公共产品。由于公共产品的效用不可分割,供方无法或者很难将不付费的人排除出去,而任何人对这类产品的消费也无法排除其他人同时消费,这就形成了公共产品的非排他性特征。公共产品的提供往往由国家独自承担,增加消费者给供给者带来的边际成本为零,边际拥挤成本①也为零,因而公共产品具有非竞争性特性。

在现实生活中,纯粹的公共产品非常少,政府提供的产品中更多的是兼有公共产品和私人产品双重特征的产品,即混合产品或准公共产品。在混合产品或者准公共产品中有些是消费具有非竞

---

① 边际拥挤成本是指在消费中存在拥挤现象,每一个消费者的消费会影响其他消费者的消费数量和质量,当边际拥挤成本为正时就会出现竞价消费的情况。

争性,受益具有排他性,例如公园、高速公路,这类混合产品由于规模过大出现拥挤,因而会产生竞争性,为抑制这种拥挤而进行收费,则产生一定排他性;有些是消费具有竞争性,受益具有非排他性,例如小区健身设施,这类混合产品的收益既有内部收益也有外部收益。对于准公共产品而言,当消费者规模超过一定数量时边际成本会出现并上升。

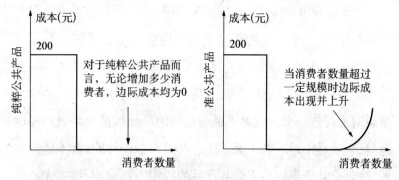

图 3-1-1 纯粹公共产品和准公共产品的边际成本变化情况

社会保障既能产生内部收益也会产生外部收益,在一定条件下和一定限度内具有非竞争性和非排他性,因而社会保障属于混合产品或者准公共产品。社会保障体系的构建和完善,必然由供给和需求两方面来决定。

二、农村社会保障的供给分析

经济学中的供给函数反映了某种商品的供给量与其价格之间的对应关系,一般情况下,价格上涨会引起供给量的增加,价格下降会引起供给量的减少。它表示供给量和影响该供给量的各种因素之间的相互关系。当政府作为农村社会保障的主要供给方时,

其供给数量将由因缺失社会保障政府面临的社会风险、政府财政
负担能力、农村社会保障的不可替代性及其他因素共同决定,换句
话说,农村社会保障是政府面临的社会风险 SR、政府财政负担能
力 GF、农村社会保障的不可替代性 A 和其他因素 O 的函数,用公
式表示,则有: S=f(SR, GF, A, O)。

(一) 政府面临的社会风险

社会风险是指因个人、组织或群体的行为而对社会生产和运
行产生负面影响、造成损失的风险,是导致社会冲突、破坏社会秩
序进而危及社会稳定的可能性。在现代社会中,强调独立个体、追
求个人目标、根据自身态度和兴趣作出行动决定的个体主义日益
占据上风,这使得人们行为选择的不确定性随之上升,而不断发展
的高科技又大大增加了社会系统的复杂性,当社会问题逐渐积累
后,社会风险势必大大增加。

近 30 多年来,我国的经济发展保持了高速增长,2010 年时已
经成为世界第二大经济体,但从社会发展的角度来看却存在不少
问题,最严重的莫过于经济差距拉大和社会阶层固化。

一方面,改革开放带来的收益在进行分配时不够公平,社会底
层的弱势群体并没有获得多少改革红利,城乡之间、地区之间、人
群之间的收入差距不仅没有随着整体经济水平的提升而缩小,反
而持续扩大。根据北京大学中国社会科学调查中心 2014 年发布
的《中国民生发展报告》,中国的财产不平等指标基尼系数已经
从 1995 年的 0.45 上升到 2012 年的 0.73,顶端 1% 的家庭占有
了全国 1/3 以上的财产,而底端 25% 的家庭拥有的财产总量还
不足 1%。而西南财经大学中国家庭金融调查与研究中心在

2014年中国财富管理高峰论坛上发布的成果也表达了类似观点,他们认为2013年中国顶端10%的家庭占有了全国超过60%的财产,基尼系数虽然比2011年有所下降,但也超过了0.7。对于这样的研究结果,虽然官方和学界都有质疑的声音,但中国的基尼系数早在2000年就超过0.4的警戒线是公认的事实。2004年国家权威部门公布的基尼系数为0.496,之后,国家统计局不再公布这一数据。收入差距的扩大在相当程度上引起了社会底层的心理失衡和对社会的强烈不满,群体性事件、仇富现象屡见不鲜。

另一方面,社会阶层分化明显且呈现出固化的态势。改革开放加快了工业化、城市化进程,也带来了社会结构的改变。著名社会学家陆学艺主持的课题组于2002年出版了《当代中国社会阶层的研究报告》一书,他们认为到20世纪末中国已经初步形成了一个现代化的社会阶层结构,现代社会中应有的阶层流动机制也有了雏形,以"后致性"为主的社会流动机制正在逐渐替代以"先赋性"为主的传统的社会流动机制。但杨继绳在2006年出版的《中国当代社会各阶层分析》中却提出了不同的观点。他认为中国社会阶层中80%以上的普通劳动者处于社会中下层和下层,经济活动人口的82%都处于较低的社会地位,而中间阶层还不到15%,这种金字塔形的社会阶层结构存在着巨大的社会风险。在当前中国市场经济的基本制度安排下,由再分配权力、寻租能力和市场能力构成的阶层分化动力基础使得社会阶层呈现出固化的趋势,阶层之间的隔阂、矛盾和冲突日益严重。

面对这些问题,社会保障可能是较为有效的缓和手段。世界各国的发展实践表明,社会保障是国家得以稳定发展的重要环节,完善的社会保障将促进消费,拉动经济,维护社会和谐。一旦社会保障缺失或存在缺陷时,社会风险会进一步加大。社会保障缺失可能加大社会风险,首先是因为政府不能够建立起有效的社会保障体系,会使得政府的信誉受到打击,进而降低民众对政府的信赖程度。其次,由于没能享受到社会保障,使得民众对于社会制度的优越性产生怀疑,产生对现有制度的信赖危机。第三,当民众因丧失劳动能力或其他原因失去收入来源时,如果没有社会保障或者社会保障无法保证其基本生活,则民众会陷入生存危机,进而危及整个社会的稳定和发展。第三种风险可能最初的表现是一种个人风险,但当整个群体都存在这一风险时,个人风险就会转化成为社会风险。

当政府面对的社会风险不断增加时,就有可能威胁到政府的可持续运转,因而政府就有动力提供社会保障,以避免社会风险的失控。政府可能面临的社会风险越大,政府提供社会保障的动力就会越大。

我国是农村人口占多数的国家,虽然最新的统计数据表明我国的城市化水平已经超过 50%,但考虑到居住在城市的农民身份并没有转变,农民占全国人口的比例仍是大多数。可以想见,对我国政府来说这一群体的社会保障没有得到良好解决将会是多么大的隐患。

(二) 政府的财政负担能力

对于准公共产品属性的社会保障而言,每追加一份社会保障产品都要有一定的成本投入。如果说社会风险的大小决定了政府提供农村社会保障的动力大小,那么财政负担能力就决定了政府提供农村社会保障的范围有多广、水平有多高。

根据国家统计局的权威数据,1980 年时我国总人口为 9.87 亿人,其中乡村人口 7.96 亿,占总人口的 80.65%;2014 年末我国总人口为 13.68 亿,其中乡村常住人口 6.19 亿人,乡村人口占总人口比重下降到 45.23%,但常住在城镇的 7.49 亿人中有 2.4 亿是农村流向城镇的务工人员。鉴于我国的户籍制度改革还处于推进的过程中,这 2.4 亿的农民工中大部分人的户籍仍会留在农村地区,而我国的社会保障制度仍以户籍所在地为依据,因而农村社会保障需要覆盖的人群并不仅仅是留居在农村的 6.19 万人,还包括已经进城的 2.4 亿农民工中的大部分,这意味着建立农村社会保障将是一项需要巨额投入的工作,政府的财政负担能力是最主要的约束。只有当政府财力达到相当水平,才能实现其对农村社会保障的有效供给。

1980 年我国全国财政收入总计为 11.59 亿元,2014 年全国财政收入增加到 1 403.70 亿元。34 年间,我国的总人口增长了 38.58%,乡村人口减少了 22.24%,而名义财政收入增长了 121.11 倍。特别是 2000 年以来的 10 多年间,总人口增长了 7.92%,乡村人口减少了 23.39%,而名义财政收入却增长了 9.48 倍,年均增长率达到 19.66%。总人口的增长缓慢、乡村人口的大幅减少以及政府财政收入的大幅增加,使得政府承担农村居民社会保障供给的能力大大增强。

表 3-1-1 1980 年以来我国乡村人口及财政收入变动情况

单位：亿人,亿元,%

年份	全国人口		乡村人口		全国财政收入	
	绝对值	年增长	绝对值	年增长	绝对值	年增长
1980	9.87	1.19	7.96	0.76	11.59	1.20
1990	11.43	15.83	8.41	5.65	29.37	10.20
2000	12.67	10.85	8.08	−3.92	133.95	17.00
2001	12.76	0.70	7.96	−1.49	163.86	22.30
2002	12.85	0.65	7.82	−1.76	189.03	15.40
2003	12.92	0.60	7.69	−1.66	217.25	14.90
2004	13.00	0.59	7.57	−1.56	263.96	21.60
2005	13.08	0.59	7.45	−1.59	316.49	19.90
2006	13.14	0.53	7.32	−1.74	387.60	22.50
2007	13.21	0.52	7.15	−2.32	513.22	32.40
2008	13.28	0.51	7.04	−1.54	613.30	19.50
2009	13.35	0.49	6.89	−2.13	685.18	11.70
2010	13.41	0.48	6.71	−2.61	831.02	21.30
2011	13.47	0.48	6.57	−2.09	1 038.74	25.00
2012	13.54	0.50	6.42	−2.28	1 172.54	12.90
2013	13.61	0.49	6.30	−1.87	1 292.10	10.20
2014	13.68	0.52	6.19	−1.75	1 403.70	8.60

数据来源：1.《中国人口与就业统计年鉴(2014)》,国家统计局人口和就业统计司编,中国统计出版社。
2.《中国统计年鉴(2015)》,国家统计局编,中国统计出版社。

2003 年中央政府在部分县市试点新型农村合作医疗,中央和地方政府财政都对参合农民予以相应补助,最低补贴标准为 10元。2008 年这一制度在全国范围内推开,各级政府对新农合参合人员的补贴标准也不断上升。截至 2013 年底,我国参加新型农村合作医疗的人数为 8.02 亿,参合率达到 98.70%,各级财政的最低补贴标准已经达到 320 元。2009 年 6 月,国务院又开始试行新型农村社会养老保险制度,选取全国 10% 的县市作为试点地区。根据该项制度的设计,中央和各级地方政府财政将承担最低标准基础养老金的支付,而在筹资时,各级政府补贴也占到较大份额。

表 3-1-2　2010—2015 年全国财政用于农村主要社会保障项目的支出

单位:亿元

年份	新型农村养老保险*	新型农村合作医疗	农村低保和五保供养
2010	240.09	1 041.83	534.10
2011	649.41	1 738.65	757.34
2012	932.91	2 035.10	822.77
2013	1 096.38	2 428.70	1 015.07
2014	1 348.94	2 732.12	1 033.03
2015	1 853.48	3 096.15	1 086.87

数据来源:2010—2015 年《全国公共财政支出决算表》,国家财政部官方网站 http:// www. mof. gov. cn/zhengwuxinxi/caizhengshuju/。

*注:自 2014 年开始在全国一般公共预算支出决算表中只列出各级财政对城乡居民基本养老保险基金的资助,不再单独列出对新型农村基本养老保险基金的资助。

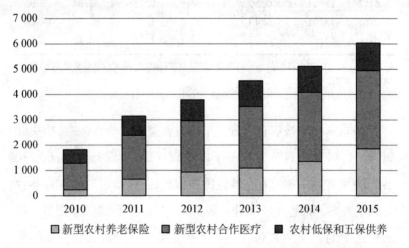

图 3-1-2　2010—2015 年全国财政用于农村主要保障项目的投入情况

单位:亿元

从全国财政一般公共预算支出决算的数据来看,随着我国财政状况的不断改善,中央和地方财政在农村社会保障体系建设方面的投入越来越大。1999 年时全国财政一般公共预算支出决算中用于全部社会保障方面的支出只有 343.64 亿元;2010 年时用于新型农村社会养老保险的补贴仅有 240.09 亿元,用于新型农村合作医疗的补贴达到 1 041.83 亿元,用于农村最低生活救助和五保户供养的支出达到 534.10 亿元;2015 年时用于新型农村合作医疗的补贴达到 3 096.15 亿元,用于农村最低生活保障救助和五保户供养的支出达到 1 086.87 亿元。2010—2015 年用于新农合的补贴支出增加了 1.97 倍,绝对值增加了 2 054.32 亿元,用于农村低保和五保户供养的支出增加了 1.03 倍,绝对值增加了552.77 亿元。而在 2010—2013 年用于新农保的支出增加了 3.57 倍,绝对值增加了 856.29 亿元。

(三) 农村社会保障的不可替代性

社会保障是社会经济发展到一定阶段的产物,起源于工业革命时期,一开始只覆盖了城镇的产业工人,其初衷是缓解社会矛盾。社会保障制度得以推行是以社会化大生产带来的经济繁荣为基础的。将农村居民纳入社会保障的范畴,既是经济发展水平进一步提高的结果,也体现了保障公民权利平等、追求社会公平等方面的考虑。

对于我国而言,农村社会保障的不可替代性将越来越强。农村社会保障的不可替代性主要是相对于传统保障而言。当土地和家庭能够完全负担人们因各种原因失去收入后的基本生活时,人们对社会保障的需求将不那么强烈,也就是说,这时的农村社会保障可以被传统的土地保障或者家庭保障所替代。但随着经济发展水平的不断提高,土地收入占农村家庭总收入的比重越来越小,土地的保障功能也就不断降低;而家庭小型化、核心化使得家庭的整体保障能力也在弱化。这时,农村居民对于社会保障的需求就会上升,政府对农村社会保障的供给的迫切程度也就随之上升。

二、农村社会保障的需求分析

如果用经济学的视角来看待农村社会保障的需求,效用理论是较为贴切的理论工具。假定农民都是理性的经济人,他们对商品的需求将是根据自身目标和有限资源作出的最优选择,也就是说用有限的收入在不同的商品中间分配,以取得最大化的效用。具体到保障,则农民可以获得的效用是对风险的化解,其需要选择的商品包括传统保障和社会保障,那么等效用曲线可以用公式表示为:$U=(TS, SS)$,其中 U 表示效用,TS 表示传统保障,SS 表示社会保障。效用实现受到有限资源的限制,在这里就意味着农民可用于保障的收入将决定其能够享有的保障水平,亦即农民的收入水平相当于预算约束线,可以用公式表示为:$I=P_{TS}TS+P_{SS}SS$。在这个公式中,I 表示农民可用于保障的资源(用农民收入水平衡量),$P_{TS}TS$ 表示传统保障带来的收益,在这里我们用土地保障来替代,则 P_{TS} 为单位土地带来的收益,TS 为土地的数量;$P_{SS}SS$ 表示社会保障带来的收益,其中 P_{SS} 为社会保障的价格,可以用缴纳的保费表示,SS 则表示社会保障的数量。如果用图形来表示的话,则为图 3-1-3。

图 3-1-3 表明,单位土地收益和社会保障的价格会引起约

束线的斜率变化,农民收入水平的多少决定了约束线的位置。当然,在实际的经济生活中,影响社会保障需求的不只是农民收入、土地收益和社会保障价格,还会包括农民家庭总收入水平、非农就业机会和收入、农民家庭规模等。需要注意的是,当农民面临的风险发生变化时,意味着效用曲线的位置发生了变动,从 U 移到了 U′的位置。这时,如果农民的收入水平没有发生变化,导致约束线与效用曲线分离,则意味着增大的风险无法被现有的保障化解。

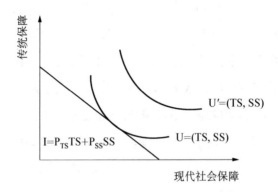

图 3-1-3　农民对保障的无差异需求曲线和预
算约束线

将对农村社会保障的需求用公式来表示,则有 D＝f(PR, P, I, O),其中 D 为农村社会保障的需求,可以用加入农村社会保障项目的人数或者比率表示;PR 为个人面临的风险,如养老风险、疾病风险等;P 为社会保障项目的价格,可以用缴纳的保费来表示;I 为农民的收入水平,可以用农民人均收入来表示;O 则为其他影响因素,包括家庭规模、非农就业机会及收入、购买商业保险等。

在需求函数中,个人面临的风险与需求水平呈正相关关系,面临风险越大则对社会保障的需求越大。社会保障项目的价格与需求水平呈负相关关系,价格越高则需求水平越低;但需要注意的是,由于社会保障项目的缴费大多是由政府和个人共同承担,所以对农民而言,社会保障项目的价格是指个人所承担的部分。收入水平对社会保障的影响则取决于社会保障的项目。已有研究表明,社会保障项目可以分为保障公平效用的项目和保障安全效用的项目。前者包括养老保险、医疗保险、社会福利等,后者主要是指各类社会救助。不同收入水平的人对于两者的需求有明显的差异,高收入水平的人倾向于各类社会保险和社会福利,而低收入水平的人倾向于社会救助。因此,对于保障公平效用的社会保障项目来说,收入水平的提高将会引起需求上升,但对于保障安全效用的社会保障项目来说,收入水平的提高反而会引起需求的下降。其他因素对社会保障需求的影响方向也是不同的。一般而言,家庭规模与社会保障需求呈反向变动关系,子女越多,家庭的保障功能就越大,其对社会保障的替代性就越大,对社会保障的需求会越低;非农就业机会与社会保障需求呈正向变动关系,非农就业机会越多,意味着其收入越高,土地收益在家庭收入中所占份额越低,则传统保障的能力越低,因而对社会保障的需求就会越大;商业保险与社会保障之间存在替代关系,购买的商业保险越多,对社会保障的需求就会越少。

仔细分析当前农村居民或者说农民的环境与境况,会发现这一群体面临着更大的养老风险和疾病风险,因而随着收入水平的提高,对于社会保障的需求也随之上升,但社会保障特别是社会保险的价格仍是阻碍他们享有保障的重要因素。

关于养老风险。正如本书前文所述,农村居民面临着比城镇居民更大的养老风险,但其规避风险的能力较小。一方面户均规模持续缩小和经济收入的缓慢增长让家庭的保障功能弱化,无论是养老所需的照料者还是养老所需的资金都存在不足;另一方面经济上的约束使得农村居民不太可能参加保费高昂的商业保险。这些都使得以社会保险为主的社会保障成为农村居民规避风险的主要手段。

关于医疗风险。无论是谁都会生病,因而医疗风险是所有人都必须面对的。虽然从人均医疗费用和医疗服务利用等指标方面来看,农村居民的需求似乎低于城镇居民。但有研究表明,农村居

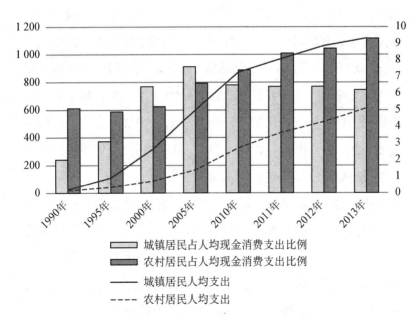

城镇居民占人均现金消费支出比例
农村居民占人均现金消费支出比例
—— 城镇居民人均支出
---- 农村居民人均支出

图 3-1-4 主要年份我国城乡居民医疗保健支出及占比变动 单位:元,%
数据来源:《中国卫生统计年鉴(2014)》,中华人民共和国卫生部编,中国协和医科大学出版社。

民的医疗服务需求只是受到收入水平等因素的影响处于被压抑的状态,随着城镇化的不断推进,农村居民的医疗服务需求将会得到释放①。这一点也能从我国卫生统计年鉴的数据中看出端倪。

我们假定患病风险在人群中的分布是均质的,那么接受较低程度医疗保障的人相对承受的风险就更大些。

1990 年时我国农村居民人均医疗保健支出为 19.0 元,占当年人均现金消费支出的 5.1%,同年城镇居民人均支出为 25.7 元,占当年人均现金消费支出的 2%,当时城乡居民人均医疗保健支出的差距为 6.7 元。2000 年时我国农村居民人均医疗保健支出上涨到 87.6 元,占当年人均现金消费支出的 5.2%,同年城镇居民人均支出为 318.1 元,占比为 6.4%,城乡居民人均医疗保健支出的差距拉大到 230.5 元。到 2013 年时农村居民人均医疗保健支出继续增加到 614.2 元,占比上升到 9.3%,城镇居民的支出增加到 1 118.3 元,占比则下降到 6.2%,城乡居民人均医疗保健支出的差距进一步扩大到 504.1 元。在这一时期,城乡居民医疗保健支出绝对值都增加了,这种变动是一致的,不一致的是城镇居民人均支出占当年现金消费支出的比例有所下降,而农村居民占比呈现持续上升的态势且上升幅度明显。结合城乡医疗保险制度的差异,我们不难得出这样的结论:城镇居民因为受到相对完善和高水平的医疗保险的覆盖,所以其医疗负担相对较轻,而农村居民的保障水平相对较低,他们的医疗负担相对较重。

由于城乡居民发病率趋同但就医条件和情况差异较大,农村

---

① 根据封进、余央央等人的研究。

表 3 - 1 - 3　我国主要年份城乡主要疾病死亡率变动*　单位：人/10 万人

年份	传染病（不含结核）		肺结核		恶性肿瘤		心脏病		脑血管病		呼吸系统疾病	
	城市	农村	城市	农村	城市	农村	城市	农村	城市	农村	城市	农村
1990 年	10.88	20.41	5.27	9.83	96.69	92.67	66.21	51.48	88.29	76.41	68.37	123.52
1995 年	6.89	15.43	2.94	8.04	88.05	88.29	56.79	43.79	83.70	74.97	59.01	123.19
2000 年	2.74	4.61	1.74	5.57	90.24	87.33	58.01	49.40	70.74	78.18	41.86	98.97
2005 年	2.46	2.57	1.72	2.17	76.85	80.05	53.42	44.46	61.38	80.97	36.14	91.82
2006 年	3.27	2.91	1.22	1.89	90.67	92.20	52.97	44.53	51.69	66.18	38.89	84.94
2007 年	3.64	3.52	1.14	2.05	94.40	101.04	44.74	52.57	49.49	73.97	34.69	59.85
2008 年	4.41	4.61	1.35	5.57	153.60	87.33	114.36	49.40	112.28	78.18	69.87	98.97
2009 年	4.24	5.82	1.75	2.65	158.67	187.05	128.19	150.16	123.04	197.03	66.48	98.16
2010 年	4.82	5.24	2.37	2.65	169.22	169.53	154.75	203.30	143.54	137.98	86.00	137.98
2011 年	3.15	4.53	2.14	2.09	172.33	150.83	132.04	123.69	125.37	138.68	65.47	84.97
2012 年	4.17	5.69	1.90	2.08	164.51	151.47	131.64	119.50	120.33	135.95	75.59	103.90
2013 年	4.44	7.94	2.32	—	162.87	146.68	129.19	143.52	125.15	150.17	68.32	75.32

数据来源：《中国卫生统计年鉴（2003—2014）》，中华人民共和国卫生部编，中国协和医科大学出版社。

* 注：1. 2010 年之前的死亡率均为标准化死亡率，2010 年及以后的为粗死亡率。

2. 2013 年的传染病死亡率中包含了肺结核的死亡率。

居民的因病死亡风险可能会更大些。表3-1-3反映了城乡居民主要疾病死亡率的差异。数据表明,自1990以来,在每一年份中农村居民中传染病、结核病和呼吸系统疾病的死亡率都高于城镇居民。恶性肿瘤、心脏病和脑血管疾病的情况略有不同。在20世纪末这三种主要疾病的死亡率都是城镇居民高于农村居民,但2000年以来,城乡居民疾病谱趋同,农村居民的恶性肿瘤、心脏病和脑血管疾病的发病率快速上升,死亡率也随之上升。在最近10多年的多数年份中,农村居民恶性肿瘤和脑血管疾病死亡率都高于城镇居民,心脏病死亡率则与城镇居民持平。

事实表明,无论是养老还是医疗,农村居民都面临着与城镇居民同样甚至更大的风险,这一群体对社会保障的需求是毋庸置疑的。

三、农村社会保障的有效供给

无论是私人产品还是公共产品,只有达到与消费需求和消费能力相适应的供给时才算是有效供给,或者说是供需平衡。对于任何一种产品而言,实现均衡意味着供给曲线和需求曲线有交点,在这一点上需求曲线与该产品消费方的边际效用曲线相一致,供给曲线则与该生产方的边际成本曲线相一致,社会边际收益等于社会边际成本,从而实现帕累托最优。

在私人产品的供给中,由于不存在外部性现象,因而消费者从消费中获得的边际效用就是这一产品的社会边际收益,在市场均衡点上社会边际收益等于个人消费者的边际收益的加总,等于社会边际成本,从而实现了帕累托最优。但在公共产品的供给中,情况要复杂得多。

由于私人产品的效用是可以分割的,消费者可以通过调整消费量来实现边际效用与市场价格的匹配。而公共产品的重要特性之一就是效用的不可分割性、非排他性和非竞争性,也就是说无论是否愿意,每个消费者对于公共产品的消费量是一样的,但从中获得的边际效用却是不同的,这就造成每个消费者愿意付出的价格有差异。对于全社会而言,对该公共产品愿意支付的价格就是不同消费者愿意支付价格的加总。当总需求曲线与总供给曲线相交时,就决定了公共产品的最优供给量和供给价格。

两者的区别可以通过图 3-1-5 来分辨。

在 3-1-5(a)中,私人产品的消费者面对的是统一价格 P,不同经济收入的人对该消费品的需求量有所不同。假定有两个消费者,A 的收入水平较低,B 的经济收入水平较高,如果某一私人产品的价格为 P_0,A 与 B 均能够消费,且 B 的消费量大于 A,当该私人产品的价格上升为 P_1 时,超出了 A 的承受能力,则 A 就不消费此私人产品,B 虽然还能够消费得起但消费量下降,这时总消费量就等于 B 的消费量。由此可见,该私人产品的全社会消费需求量不同消费者的需求量相加得到,因而全社会私人产品的需求曲线由每个人的需求曲线水平相加得到。

在 3-1-5(b)中,公共产品的消费者面对的是同等数量的公共产品 Q,每个消费者的都可以消费它且消费量相同。由于个人获得的边际效用不同,所以愿意支付的价格就有不同,相对而言,收入水平较高的人愿意支付的价格会更高些,在图中 $P_B > P_A$。当公共产品的供给量从 Q_0 增加到 Q_1 时,收入水平较低的 A 不愿意

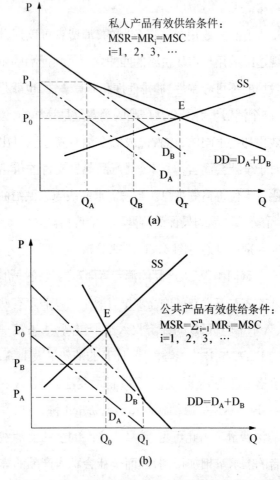

图 3-1-5 私人产品和公共产品的有效供给示意图

继续支付,而 B 愿意支付的价格也会下降,这时总价格就等于 B 愿意支付的价格。由此可见,全社会对一定数量的公共产品愿意支付的价格是由不同个人愿意支付的价格相加得到,因而全社会公共产品的需求曲线由每个人的需求曲线垂直相加得到。

由于无论付费多少,人们消费的公共产品是等量的,所以其中会存在"免费搭车"现象,因而纯公共产品是非常少的,更多情况下混合公共产品或者说准公共产品的存在更加普遍。农村社会保障就是具有有限非竞争性和有限非排他性的准公共产品,其具有较大的外部性。对于这类准公共产品,如果完全由政府免费供给,会造成过度消费的结果,最终造成福利损失,如果完全由私人部分进行提供则会产生收费过高的问题。因而对于农村社会保障而言,必须采取政府补贴、农民共同参与的供给模式,以实现有效供给。

第二节　土地因素对农村社会保障供求影响的理论分析

从农村社会保障的供求分析中,我们看到土地是其中的关键因素。它的作用可以从三方面体现出来。

一、作为传统保障,土地对农村社会保障供求的影响

农民天然与土地有着紧密的联系。在建立农村社会保障体系之前,土地与家庭承担了农民全部的保障。从土地对供给方的影响来看:当土地的产出几乎是农民所有的收入来源时,土地的保障功能最大,承担了满足人们应对风险的全部责任,这时,人们面对的是个人风险,而且这种个人风险无法由人群承担,因而不容易转化为社会风险,在这一时期,由于个人风险不容易转化成为社会风险,因而不会让政府产生提供社会保障的迫切意愿。当然,在这一阶段,政府的收入也不高,因而其承担社会保障供

给责任的能力比较有限。从土地对需求方的影响来看：土地保障功能强大，农民化解风险的需求能够得到满足，因而其寻求社会保障的动力不足。这时，即使政府提供了社会保障，农民的参保意愿也不会高。

随着我国经济发展、产业结构调整，农业特别是种植业所带来的收入占国民收入的比重越来越低。即使在农村，单纯的农业经济也难以为继，农民开始设法向农工商一体化经济发展。在这一背景下，土地作为传统保障的功能日益降低，农村居民对社会保障的需求会大大增加。

二、作为收入来源，土地对农村社会保障供求的影响

土地作为生产要素与劳动结合产生农业收益，土地作为生产要素通过流转产生财产性收益。在前文的分析中，我们可知农民收入水平的高低将决定其倾向于传统保障还是社会保障。当农民的收入提高时，其获得社会保障的需求将相应增加，而较高的收入也使农民获得社会保障的能力增强。因此，无论是土地的农业单位收益上升，还是土地流转增值收益上升，都会带来农民对农村社会保障需求的增加。

当我国逐步实现工业化后，土地对农民收入的影响可能越来越取决于土地流转增值。众所周知，农业作为一个产业，其资金积累能力较弱，既要面临来自农产品市场的风险，也要面临来自自然界的风险。在农产品价格长期处于低位的情况下，土地带来的收益十分有限。但随着城市化的推进，土地作为不可再生资源，其自身价格是明显上升的，与城市相连的土地更是如此。因而，通过土

地流转农民收入可能会有大幅提升,进而使得农民承担社会保障成本的能力增强。

三、不同土地制度安排对农村社会保障供求的影响

不同土地制度安排导致不同的社会风险,进而从供求双方影响农村社会保障。

自改革开放以来,我国农村地区一直实行土地家庭联产承包责任制,土地的所有权归村集体,经营权归家庭。土地按照人头平均分配,在农村居民之间尽可能地实现了公平。但这种土地制度安排带来的后果是土地的碎片化经营,公平以效率作为代价。农业生产效率始终无法提高,农民的收入水平也难以改善。尽管2004年以来各年的中央一号文件中,都将提高农民收入作为"三农"工作的重点,但始终成效有限。

随着农村综合改革的深化,近年土地制度安排开始更加注重效率。特别是2013年以来,中央一号文件在强调稳定土地承包关系的同时,鼓励农民采取互利互换的方式,解决承包地块细碎化问题;鼓励通过创新土地流转和规模经营方式,提高农户的集约化经营程度;在明确农民享有集体所有权的基础上,鼓励农村集体经营性建设用地进入交易市场。这些制度安排的变化一方面会直接增加农民的非农业收入;另一方面会改变当前以家庭为单位的农业生产方式,家庭农场、农业产业基地等规模化经营方式将成为主流。这也就意味着自耕农向农业企业主和农业雇佣工人的转变。而后者所面临的风险都大于前者,因而对农场社会保障的需求将大幅上升。

第四章 构建依托土地的农村社会
保障体系的理论与政策依据

第一节 理论依据

将土地作为构建农村社会保障体系的基础,理论指导来自经济学中的"地租理论"。古典经济学家威廉·配第、亚当·斯密和大卫·李嘉图等都对地租有所论述。

配第认为:"假定一个人能够用自己的双手在一块土地上面栽培谷物;即假定他能够做为耕种这块土地所需要的种种工作……并假定他有播种这块土地所需的种子。我认为,这个人从他的收获之中,扣除了自己的种子,并扣除了自己食用及为换取衣服和其他必需品而给予别人的部分之后,剩下的谷物就是这一年这块土地的当然的正当的地租……形成歉收和丰收循环周期的若干年的平均数,就是用谷物表示的这块土地的一般地租。"① 由于距离市场远近的不同,相同土质的土地地租是不同的②,而不同劳

① 威廉·配第:《配第经济著作集》,陈冬野、马清槐、周锦如译,商务印书馆,1981年,《赋税论》部分,第40—41页。
② 配第是最早论述级差地租原理的经济学家,他认为:"假如维持伦敦或一支军队所需的谷物,必须从远离四十英里的地方运来,那么在伦敦或离这支军队驻扎地一英里以内的地方栽培的谷物,除其自然价格之外,尚应加算将谷物运输三十九英里所需的费用。……结果就是,靠近人口稠密的地方(即为 (转下页)

动生产率下的地租也是不同的[①]，对土地进行改良会带来地租的增加[②]。而地价则是在土地获得的地租资本化后的价值，所有权保障、人们的认知、战乱、人口规模、财产归属等原因都会影响土地的价值[③]。配第的研究为后世的级差地租理论提供了基础。

作为古典政治经济学主要代表人物，亚当·斯密较早系统研究了地租问题。在他的《国民财富的性质和原因的研究》一书中，专门论述了这一问题。他认为地租是使用土地的代价，是土地使用者使用土地的价格，且是"租地人按照土地实际情况所支给的最高价格"[④]。他认为地租是土地所有者凭借所有权获得的经济收

（接上页）了维持其居民生活而需要很多土地的地方）的土地，由于上述理由，比距离远而土质相同的土地，不仅能产生更多的地租，而且所值的年租总数也更多一些。"《配第经济著作集》，第46—47页。

① 除了距离市场的距离，配第认为劳动生产率也会影响地租，"土地的优劣，或土地的价值，取决于该土地所生产的产品量和为生产这些产品而投下的简单劳动相比，是多于投下的劳动量还是少于投下的劳动量。"《配第经济著作集》，第88页。

② 配第认为："如果上述各郡花费比现在所花的更多的劳动来改良土地，使土地丰产（例如，以犁代锄、以定植代散种，拣选优良种籽以代不分好坏杂乱选种，用时事先加以浸渍以代不作任何加工拿来就用，用盐施肥以代用烂草施肥，等等），那么地租就会因收成的增加超过所用劳动的增加，而成比例地上涨。"《配第经济著作集》，第50页。

③ 关于地价，配第的表述是："在所有权有保障，并能确实可靠的享有年租的地方，土地的价值就等于二十一年的年租。但在其他一些国家，由于所有权更有保障，人口更多，而且对土地价值以及这三代人同时生存的期间都有更正确的了解，土地的价值大约等于三十年的年租。有些地方的土地，则因附属在它上面的某些特别荣誉、快乐、特权以及法律上的权利，所值的年租年数要更多一些。另一方面，有些地方（例如爱尔兰），土地由于下述各种原因，所值的年租年数却要少一些。"《配第经济著作集》，第43—44页。

④ 亚当·斯密：《国民财富的性质和原因的研究（上卷）》，郭大力、王亚南译，商务印书馆，1972年，第136—137页。

益,与土地所有者是否改良土地无关①,地租的多少与土地肥沃程度和土地位置有关②。

大卫·李嘉图是古典经济学地租理论的集大成者。他认为地租是土地使用者付给地主的代价,而人们之所以愿意支付地租是因为土地数量有限,质量有差别,地理位置也不相同。他指出土地的价值是相对的,由最差土地的生产条件来决定,对于中等及优等土地来讲,高于最差等土地的产出是其获得的超额利润,而这也是级差地租的来源。③

现代西方经济学和马克思主义政治经济学对古典经济学地租

---

① 斯密指出:"也许有人认为,土地的地租,不外是地主用来改良土地的资本的合理利润或利息。无疑地,有些时候,情况可以说在一定程度上是这样,但不可以说在很大程度上是这样。对于未经改良的土地,地主也要求地租,而所谓改良费用的利息或利润,一般只是这原有地租的附加额。……有时,地主对于完全不能由人力改良的自然物,也要求地租。……这样看来,作为使用土地的代价的地租,当然是一种垄断价格。"《国民财富的性质和原因的研究(上卷)》,第137—138页。

② 他认为"不问土地的生产物如何,其地租随土地肥沃程度的不同而不相同;不问其肥沃程度如何,其地租又随土地位置的不同而不相同。都市附近的土地,比僻远地带同样肥沃的土地,能提供更多的地租。"《国民财富的性质和原因的研究(上卷)》,第140页。

③ 大卫·李嘉图认为"地租是为使用土地原有的和不可摧毁的土壤生产力而付给地主的部分土地产品……在一个土地肥沃的国家最初始拓荒定居时,维持实际人口生活所需耕种的土地是其中的极少部分,或者用当时人口所能支配的资本耕种的土地也是极少部分,这时不会有地租。……如果所有土地性质相同、数量无限、质量一致,那么无需支付使用费用,除非它所在的位置具有特殊的环境优势。但土地数量并非无限,质量也不尽相同,并且由于在人口增长的过程中,质量和位置较差的土地也被耕种了,所以使用土地要支付地租。在社会发展的过程中,当肥沃程度为二等的土地被人们耕种时,一等土地立即开始有了地租,并且地租的数额取决于两块地在质量上的差别"。大卫·李嘉图:《政治经济学及赋税原理》,周洁译,华夏出版社,2005年,第43—45页。

理论进行了拓展和修正。

现代西方经济学的地租理论继承了庸俗经济学的相关观点，对影响地租的因素进行了深入研究。在现代西方经济学的分析框架下，由于土地具有稀缺性，因而天然就会形成地租。由于土地资源数量是恒定的，也就是说土地的供给没有弹性，因而其市场均衡价格就完全取决于需求，土地需求者通过竞价决定地租水平的高低[1]。

而在马克思看来，地租是土地所有权在经济上的实现，它体现的一定是土地所有权的归属[2]。由于土地肥力、区位及其他自然条件有差异，不同的土地会产生不同的收益，这种收益会转化成为级差地租被土地所有者获得，而对土地投资的追加也会带来地租的上涨[3]。马克思认为地租的产生是以土地所有权和使用权的分

---

[1] 萨缪尔森是现代西方经济学的代表人物，他对于地租等问题的论述在其与诺德豪斯合著的微观经济学中有明确表述。他们认为：土地的基本特征是，数量固定，对价格完全缺乏弹性。为在一定时期内使用土地而支付的价格称为土地的租金，有时称为纯经济租金。……租金是对使用供给固定的生产要素所支付的报酬。……因为土地的供给没有弹性，土地总是为了它能生产的产品而发挥作用，所以土地的价值完全是由产品的价值派生而来，反之则不成立。"萨缪尔森、诺德豪斯：《微观经济学（第16版）》，萧琛等译，华夏出版社，1999年，第213—214页。

[2] 马克思指出："租的占有是土地所有权借以实现的经济形式，而地租又是以土地所有权，以某些个人对某些地块的所有权为前提。……在劳动孤立进行和劳动的社会性不发展的情况下，直接表现为直接生产者对一定土地的产品的占有和生产。"马克思、恩格斯：《马克思恩格斯全集第25卷（下卷）》（第二版），中央编译局编译，人民出版社，2001年，第714页。

[3] 马克思认为："级差地租是由于农业发展各个阶段的土地自然肥力的差别而产生的（这里还是把土地的位置撇开不说），就是说，它的产生是由于最好土地面积有限，是由于等量资本必须投在对等量资本提供不等量产品的不同的各级土地上。"《马克思恩格斯全集第25卷（下卷）》第二版，第742页。

离为基础的,它可以被看作是土地所有者凭借其所有权而与农业资本家分享超额利润的方式。土地所有者对土地所有权的垄断是驱使农业资本家将部分超额利润转移给他的根本力量。无论土地生产力如何,农业资本家都必须缴纳地租。

在我国,土地归国家和农村集体经济组织所有,农民作为集体经济组织成员也具有相应的权利,土地所产生的地租应当在国家、集体和个人之间分配。地租理论对于各方利益的分配具有一定现实指导意义。

首先,按照马克思的观点,社会主义制度下不存在土地所有权的私人垄断,因而不存在地租。但在实际经济生活中,土地所有权无论是公是私,其垄断性都是客观存在的,土地自身条件的差异也是客观存在的,所以土地的级差地租也必然客观存在。公有制和私有制的差异仅在于土地私有制的背景下地租反映的是农业资本家和土地所有者对超额利润的分配关系,而在土地公有制背景下地租反映的是国家、集体和个人对因土地而产生的经济利益的分配关系。在实行土地家庭联产承包责任制后,土地的所有权和经营权相互分离,农村集体经济组织作为土地的所有者,自然有权获得地租。鉴于集体是作为全体成员的代表而存在,其获得的收益属于全体成员共同所有,因而最终地租收益还是由全体成员分享。但需要注意的是,收益由全体成员分享并不等同于将全部收益平均分配给个人,集体共同拥有的财富积累还是非常必要的。由于过去我们没有认识到这一点,在实行家庭联产承包责任制后,集体经济迅速衰落,最终造成农村社会保障体系构建过程中集体力量的缺位。

其次,回顾我国土地制度的发展过程,我们会发现在土地的所有权和经营权分离之后,地租始终都以不同形式存在着。在2006年取消农业税之前,农民需要从收入中拿出部分上交村和乡,其中村级有三项提留,乡级有五项统筹,这就是所谓的"三提五统"。"三项提留"包括公积金、公益金和管理费,是用于村集体维持或扩大再生产、兴办公益事业和日常管理开支的费用总称;而"五项统筹"是由乡(镇)合作经济组织依法向所属单位(包括乡镇、村办企业、联户企业)和农户收取的用于兴办乡村两级教育事业费、计划生育、优抚、民兵训练、修建乡村道路等民办公助事业的款项。这实际上就是地租的一种形式。在农业税取消后,"三提五统"也被废止。虽然由于缺乏法律规范和必要监督,乡村两级过度的"三提五统"是农民的沉重负担,但这项制度不可否认地使村集体能够发挥在农村公共事业中的基本职能。从某种角度上讲,有利于农村公共事业的发展。另外,农民与村集体签订土地承包合同后交付的土地承包费可以看作是地租的又一种形式。

第三,国家、集体和个人都有权利获得土地的收益,这一点也可以用地租理论加以解释。根据我国宪法,农村土地基本上都属于村集体经济组织所有,按照地租理论,这意味着集体垄断了土地的所有权,所有使用土地的单位或个人都需要向集体缴纳地租。由于国家具有向集体征用土地的权利,可以认为国家对集体土地具有终极权利,因而所有使用土地的单位或个人也需要向国家缴纳地租。同时,农民作为土地的使用者也有权利从土地产品中取得利润。在2006年之前,农民以土地承包费和

"三提五统"的形式向集体缴纳地租,以农业税的形式向国家缴纳地租。本来在完全市场化的条件下,即使不考虑农民作为集体经济组织成员的身份,他们也应该能够获得平均利润。但由于我国农产品收购价格过低,使得本应从农业生产中得到的超额利润消失,农民的利益受到很大损害,农民的收入也被压低。2006年之后,国家为了减轻农民负担而取消农业税,这实际上是免除了农民向国家缴纳的地租,而取消"三提五统"则是减少了向集体缴纳的地租。因而从理论上来说,农民向集体缴纳的土地承包费是目前的全部地租形式。国家和集体对地租的减免是为了尽快提高农民收入而自愿放弃了部分权利。如果土地是被农民以外的单位租用,则国家和集体都应该有权利从中分得收益。

根据地租理论,土地不仅是生产资料,它本身也可以被看作商品,而且是具有稀缺性的商品。因此,土地的价值具有双重性。一是作为生产资料,与劳动结合产出农产品;二是作为商品,在流转中实现增值。无论是村集体还是村集体成员,都应该有权利从这两方面中取得收益。在国家征收集体土地的过程中,集体虽然没有拒绝的权利,但可以以土地的双重价值作为谈判的依据。现行的以土地农作物产出和基本城镇居民医疗保险的保费作为征地的价格显然大大低于土地的价值。2015年最新的中央一号文件中提出,让集体经营性建设用地进入土地市场,就是希望将价格机制引入农村土地评估,进而使得农村集体经济组织及其成员能够得到合理的补偿。

第二节 政策基础

构建以土地为基础的农村社会保障制度将会是我国农村社会保障体系的发展方向,这不仅在经济理论上能够获得支持,在党和国家的政策文件中也能够获得支持。随着农村综合改革的不断推进,党中央及国务院日益重视保障农民的土地经营权、使用权和集体收益的分配权,也一直将做好农村社会保障工作作为解决"三农"问题的重要抓手。

首先,自 2002 年以来中央政府为了推动城乡一体化的社会保障体系的建设工作,不仅在一号文件中多次表明保障农村居民和城镇居民在社会保障权益方面的平等性,而且颁布了一系列的具体社会政策,涉及农村最低生活保障、新型农村合作医疗、失地农民的社会保障、农村养老保险等各个方面。

在 2006 年以来各年的中央一号文件中,国家表现出越来越清晰的完善农村社会保障制度的工作思路。2006 年提出要加大对农村社会保障和公共事业的财政支持力度,以适应我国城乡统筹的发展战略,强调按照各地区自身的发展水平制定相关社会保障和社会福利的建设目标。

2007 年提出在已有的"五保户"制度、农村社会救济制度基础上在全国范围内建立农村最低生活保障制度,鼓励各地区按照自身财力确定实施标准和范围,对于经济相对落后地区,中央财政予以补贴。

2008 年的一号文件正式提出要建立健全农村社会保障制度，并对其中的各个项目提出针对性的指导意见。这份文件对农民工表现出了特别的重视，对其生产、生活各个方面所涉及的公共服务都提出了相应要求。

2009 年的一号文件对新型农村合作医疗制度、新型农村养老保险制度、农村最低生活保障制度的基本原则、筹资模式、补助标准等提出了具体要求，同时要求保障农民工返乡后的土地权利，并敦促制订能够满足农民工迁移要求的可转续的养老保险方案。

2010 年的一号文件提出要逐步提高新农合的保障水平，作好与城镇相应制度衔接的准备，也要求积极引导适龄农民参加新农保，确保符合条件的农村老年居民能够足额按时领取养老金。

2013 年的一号文件提出不仅要继续提高新农合的补偿标准，而且要健全农村的三级医疗卫生服务网络、加强乡村医生队伍的建设，使得农村居民能够享有便利、高质的医疗卫生服务。对于新农保则要求建立合理的保障水平调整机制，并研究探索与其他养老保险制度的衔接措施。对于农村低保制度则要求在更高层次制定统一标准，逐步实现低保制度的区域整合。对于农民工群体，这份文件首次提出要有序推进农业转移人口的市民化，将这一人群逐步纳入城镇公共服务和社会保障的政策覆盖范围。

2014 年一号文件将健全城乡发展一体化体制机制作为重要部分予以阐述，提出要推进包括社会保障在内的城乡基本公共服务均等化建设，不仅要提高新农合筹资和补偿标准，还要完善农村重大疾病保险和救助制度，在这一基础上推动基本医疗制度向城乡统筹迈进。在农村养老保险制度方面，要将基础养老金的增长常态化,同时辅以农村社会养老服务体系的建设。

2015 年的一号文件将农村居民医疗保险和农村基层基本医疗服务、乡村医生队伍建设等内容结合起来,要求建立可持续的新农合筹资机制,以保障筹资和报销水平的稳步提高。在农村养老保险制度方面,要求落实统一的城乡居民基本养老保险制度。从这些文件中,我们可以看到近 10 年来我国政府不断致力于提高农村社会保障水平和推进城乡社会保障制度的融合,尽可能缩小城乡居民在社会保障权利方面的差距。在这一过程中,一方面要求财政加大投入力度,另一方面希望通过调整农业结构,加大农业补贴,盘活农村资产,实现农民的快速增收。

除了中央一号文件,国务院及相关部委还发布了一系列的指导性文件,对农村社会保障体系的完善作出具体要求。例如,2003 年国务院办公厅颁布的《关于建立新型农村合作医疗制度的指导意见》(国办发〔2003〕3 号)对新农合的组织管理、筹资标准、资金管理、医疗服务实施等提出要求;2012 年国家卫生部、国家发展改革委、财政部发布了《关于推进新型农村合作医疗支付方式改革工作的指导意见》(卫农卫发〔2012〕28 号)提出在新农合实施过程中进行总额预付的门诊付费制度改革和按病种付费、按床日付费等住院费用支付方式改革,以提高新农合资金使用效率。2006 年颁布的《农村五保供养工作条例》(国务院令第 456 号)对农村"五保户"供养的对象、内容、形式均作出规定,对供养机构也提出了要求,特别明确规定了地方财政和中央财政对这项工作所承担的责任。2009 年国务院发布了《关于开展新型农村社会养老保险试点的指导意见》(国发〔2009〕32 号),明确规定了农村养老保险的参保范围、资金筹集、账户设立、待遇领取以及基金运行的管理监督。这些具体的政策法规为农村社会保障工作的顺利实施提供了保证。

其次，我国政府在一系列文件中对土地承包权物权化进行了规定，自2013年起加快推动农村土地制度改革。

在土地家庭联产承包责任制实行之初，国家鼓励农地向种田能手集中，这说明国家愿意看到农业的集约化生产。进入21世纪，随着农村土地制度改革被提上日程，在各种法律、政策规定中，这个问题被一再提及，不断强化。

2005年的一号文件指明要在农户自愿、有偿的情况下发展适度规模经营，要尊重农户及外出打工者的土地承包权和经营自主权。

2007年的一号文件要求在坚持农村基本经营制度、稳定承包权的基础上进一步规范土地承包权的流转。同年颁布实行的《物权法》则以法律条文的形式明确了土地承包权的主体、内容、期限，明确了该权利的成立和生效，使得土地承包经营权物权化得以完成。

2008年的一号文件对土地制度的表述更加详细，要求坚持和完善以家庭承包经营为基础、统分结合的双层经营体制，在坚决防止和纠正改变土地农业用途的前提下，按照依法自愿有偿原则，健全土地承包经营权流转市场。还提出推进集体林权制度改革，承认承包人在不改变林地用途的前提下享有处置林地使用权和林木所有权的权利。

2009年的一号文件在"稳定完善农村基本经营制度"的板块

中延续和深化了 2008 年一号文件的精神。在这份文件里,中央要求从修订和完善法律法规入手,强化土地承包经营权的物权保护,以充分保障农民的合法权益,稳定农村的土地承包关系。强调农民是土地流转的主体,任何组织和个人都不得强迫与妨碍。为了更好地推动土地流转工作,还鼓励地方建立与发展服务组织,以为农户提供信息沟通、法律咨询、合同签订及纠纷调处等帮助。

2010—2012 年的中央一号文件均延续了对稳定土地承包关系、规范土地承包权流转的表述。

到 2013 年,有关土地制度改革有了更大的进展。在文件中,"创新农业生产经营体制,稳步提高农民组织化程度"和"改革农村集体产权制度,有效保障农民财产权利"被专门列出。在文件中,国家鼓励提高农户的集约经营水平,希望通过扶持联户经营、专业大户和家庭农场等带动农业生产经营方式的快速转变。为了实现这一目标,鼓励承包土地向专业大户、家庭农场和农民合作社等流转,以使得规模经营成为可能。为了解决承包地碎片化的问题,也鼓励农民互换互利。在这份文件中,首次明确"建立归属清晰、权能完整、流转顺畅、保护严格的农村集体产权制度,是激发农业农村发展活力的内在要求。必须健全农村集体经济组织资金资产资源管理制度,依法保障农民的土地承包经营权、宅基地使用权和集体收益分配权"。为此,国家要求探索工商企业租赁农户承包地的准入规则,鼓励发达地区推进农村集体产权股份合作制的改革。

在 2013 年一号文件的基础上,2014 年开始鼓励农户通过土地流转构建新型农业经营体系,鼓励工商企业参与农用土地流转,同时严格防范由此带来的风险。为了鼓励土地流转,一号文件表示将更好扶持新型农业经营主体，在财政补贴、用地指标、金融支持、税收优惠及人员培训等方面予以政策倾斜和扶持。文件指出，要赋予农民土地相关权利抵押和担保权能，使其能够具有农业融资的功能。文件还第一次提出要"引导和规范农村集体经营性建设用地入市"，使农村集体经济组织的经营性土地资产与国有土地一样进入土地交易市场，分享土地增值带来的收益。不仅如此，文件还第一次提出完善农民宅基地的管理制度，探索推进农民住房财产权的抵押、担保和转让。

2015年的文件中要求尽快制定工商资本租赁农地的准入和监管办法，要求"分类实施农村土地征收、集体经营性建设用地入市、宅基地制度改革试点，制定缩小征地范围的办法，建立兼顾国家、集体、个人的土地增值收益分配机制，合理提高个人收益"。

从以上对政策和法律法规的梳理中，我们可以看到我国政府对完善农村社会保障体系日益关注，并试图通过推动土地制度改革，来尽快实现改善民生的目的。无论是推动土地承包权流转，还是启动对农地向工商资本流转、集体经营性建设用地入市和农村宅基地制度改革，其根本目的是使农民能够分享集体土地的收益，从而快速提高收入水平。在完善农村社会保障体系和推进农村土地制度改革两者之间，始终存在非常紧密的关系。

第五章　构建依托土地的农村社会保障体系的实践探索

在市场经济条件下,具有外部效应的公共产品只能由政府作为主要供给者。在现行财税政策下,地方政府承担了更多的责任。由于我国地域广大、地区间经济发展水平差异明显,由地方政府主导的公共产品供给自然就有很大不同。因而无论是农村社会保障还是土地流转的政策规定都是因地制宜的结果。

第一节　土地流转的典型模式

对于农村社会保障而言,中央及国务院对基本模式有着统一规定,但在筹资层次、补贴水平等方面各地都不相同,而对土地流转的政策探索差别就更加明显。为了建立起符合市场经济规律的,具有清晰的产权归属、明确的责权划分、顺畅的土地流转的农村产权制度,各地进行了积极探索。在实践中,逐渐形成了土地股份合作社、土地转包和土地信用合作社等三种重要的土地流转模式。

一、土地股份合作社

土地股份合作社是土地资本化的典型做法，早在 20 世纪 80 年代后期就开始在珠江三角洲的部分区域出现，到 21 世纪初期在江苏、山东、浙江等地快速发展，到农村产权制度改革开始后日渐完善。这一模式重要特征是确权、折股、集体经营并获得收益，通过土地入股和收入分配使得农民的土地更好地实现市场化配置进而获得较高收益。

（一）土地确权

土地资本化意味着土地不再是简单的生产资料，而可以作为资本产生较高收益。为了使土地能够实现灵活配置，不少地方探索成立土地股份合作社。在将农民土地集中的过程中，在不改变土地所有权、承包权和农地性质的前提下进行土地确权是首要而关键的一步。无论是四川的成都模式还是山东的枣庄模式中都很好地进行了这一步工作。

四川省成都市的农村产权制度改革试点开始于 2008 年 1 月。试点启动之初就对农村居民的土地和房屋进行确权登记，在核实无误后向农民颁发了《土地承包经营权证》《集体建设用地使用权证》《房屋所有权证》《集体林地使用权证》等，从法律上确认了农民对于土地及房屋等财产的经营权、使用权、所有权，为下一步的土地流转打下基础，确保农民从土地流转中获得收益的合法性。山东枣庄市则是向农民发放了《土地使用产权证》，规定在产权期限内，农民可依法使用、经营、流转土地，允许农民以土地作为资本参与股份经营、合作经营，允许农民以土地作为融资的抵押或担保品

（杜朝晖，2010）。

（二）折股入社

经过确权，农民对土地的经营权、使用权、收益权获得法律保障，然后再将经营权折算成股份，加入合作社，农民成为股东，除了获得劳动收益外，还可以根据股份按比例享受土地规模经营后带来的红利。

折股入社主要有三种形式：一是不将入股土地作价的内股外租型股份合作社。江苏省扬州市的农村土地股份合作社多以此种类型运作。在这一模式下，农民将承包的部分土地经营权入股建社，合作社将集中连片的土地租给大型农业企业或者农业大户经营，农民可以按照股份获取土地租金。二是由合作社将入股土地作价，参与企业经营开发。在这一模式下，农民先以土地承包经营权加入合作社，由合作者将土地作价后参与到各类企业经营中，并从企业盈利中根据所持有股份获得收益，再将经营收益在全部入社人员中进行分配；或者，合作社以土地作价，加上其他资金和技术等与企业或者个人联合成立股份合作制企业，然后根据股份获得收益并分配。三是土地及其他集体资产统一入股或者量化，实行股份化经营。

（三）推动土地流转

实现农业的集约化、规模化生产是农业现代化的发展方向，家庭联产承包责任制将小块土地的经营权、使用权归到家庭且不利于流转，这恰恰是农业现代化的障碍。本次土地改革就是为了解决这一问题，以推动土地流转，提高土地收益，改善农民收入水平。在土地确权工作完成后，各地方政府积极开展土地流转，成立农村产权交易中心是比较普遍的做法。

山东省枣庄市于 2008 年在市、区、乡镇都建立了土地使用产权交易中心或者交易所，以保障土地流转的规范性，避免私下流转可能引发的风险。只要拥有土地使用权证，就可以在交易中心进行土地交易，交易中心提供对土地的客观估价。交易中心也是实现土地抵押担保等融资行为的地方。

成都市在 2008 年依托成都市联合产权交易所成立了农村产权交易所，在这个机构内，可以实现农村产权流转的信息发布、查询及整个交易过程。在这里不仅可以实现与土地相关的林权、承包权、集体建设用地使用权、房屋产权的交易，还可以实现农业技术、农业类知识产权、农村经济组织股权及其他产权等的交易。这是全国首家农村产权综合性的市场交易所。在相关政府部门完成土地确权工作后，农交所负责资产评估、受理交易申请、发布交易信息、组织交易双方洽谈、签约交割等环节的工作。交易所建立后，成都市以此为核心，设立遍布各区县的分支机构，构建起市县乡三级交易联网平台，同时还与全国其他地区近 40 家产权交易机构建立了合作关系，实现信息互通和共享。为了能够更好地规避市场风险，确保各方合法权益，成都市政府还出资 3 亿元，成立了农村产权流转担保股份有限公司，作为土地流转行为的担保方。在企业无法按时支付流转费用时，担保公司先行垫付，在流转方违约时，担保公司也根据情况承担相应的赔偿责任。在推动闲置土地流转的同时，成都市还建立了耕地保护机制，以确保农民不会为了土地流转而进行土地流转。这项制度的核心是由市、区县从新增建设用地土地有偿使用费、耕地占用税、土地出让金及其他财政资金中抽出一部分成立耕地保护基金,按耕地类型给予承担耕地保护责任的农户补贴或者作为养老保险,接受该项制度的农户则需承担起不得弃耕、不得用于非农用途、保护耕地不受破坏等若干项义务(刘恒,2011)。

(四) 实现集体经营并获取较高收益

成立土地股份合作社多数情况下是为了实现农村土地的集约化和规模化经营。即使在有些地区土地入社后农民仍可以自己耕作,但也要按照农业生产发展需要进行集中规划布局,由合作社统一经营,然后将收益按照保底实物加逐年递增的红利进行分配。归拢后的土地多数仍用于农业生产,但以非粮化生产为主,通过发展花卉苗木、瓜果蔬菜等高效经济作物或者特种水产、畜禽养殖等,以提高土地的产出效益。还有一部分则被用于非农化经营,租借给企业进行工业或者其他行业生产,合作社及农民从中收取较高的地租。

农村土地股份合作社是实现土地资本化的一种有效途径,通过这种方式,土地不仅作为生产资料存在,而且成为资本的一种形式,不仅农民得以获得更高的收益,农村集体经济组织也得以发展起来,从而明显改善了农村社会保障的发展基础。但同时需要注意的是,土地资本化带来的一个后果是,逐利思想让土地更多地用于非粮化生产甚至非农化生产,从近期看可以快速提升农村和农民的经济实力,但从远期来看,可能会影响到国家的粮食安全。

二、土地转包模式

土地转包,顾名思义是农民将部分或全部土地承包经营权在一定期限内转给同一集体经济组织内的其他农户。转包并不改变原有的土地承包关系,由原承包户履行承包合同规定的权利和义务。浙江省温州市的土地改革在这方面具有代表性。

在浙江省温州市,为了有效遏制耕地撂荒的现象,通过土地转包的形式,让土地向村集体、种粮大户或者专业合作社集中,并且全程提供机械化服务。一是发挥村委和村集体经济组织的作用,在收取一定费用的基础上,由村集体代耕代种,转包方只负责田间管理和粮食收割;二是鼓励不愿耕种的农民将承包地有偿转包给种粮大户,转包的过程可以是招投标形式,可以是中转站形式①,也可以是通过中介机构有偿服务来签订转包合同。三是由专业机构为不愿耕种的农户提供有偿的农业社会化服务。承包农户只需缴纳一定费用,就会有专业农场、农机专业合作社、粮食专业合作社等对粮食生产提供一条龙服务。服务内容包括翻耕、育秧、播种、植保和收割等。

土地转包模式能够促进农村内部生产要素的优化配置,实现农业的规模化经营,但相对来讲转包范围具有明显的局限性,这种流转的局限性限制了在城乡之间形成资金、技术等生产要素的互动与交流,而且从规模上讲相对较小,由于转包的合同期限一般不长,也不利于实现长期的稳定收益。

---

① 所谓中转站形式,是指在转包过程中由村集体担任中转站的角色,先由村集体与农民签订转包合同,先行垫付转包款,然后由村集体与专业合作社或者专业大户签订转包合同。这种方法多用于跨村转包的情况。

三、土地信用合作社模式

土地信用合作社是解决土地权属分散和集约化规模化经营之间矛盾的又一途径,是引入了金融部门存贷机制的土地流转创新模式。不愿耕种的农民可以将承包的土地"存入"信用社,根据存入土地的多少获得存地费,而需要更多土地的农民在支付贷地费后从土地信用合作社贷出土地。对于农民存入的土地,合作社可以直接经营,也可以与企业合作经营,除此之外,合作社还可以将这些土地转包、出租。合作社通过经营或者转包、出租获得的收入,除了用于给存入土地者支付存地费,剩余部分可用于发展集体经济和农村公共事业。在这一土地流转模式中,宁夏省平罗县被认为是最典型的范例。平罗县的探索开始于 2006 年,到 2008 年前后已经形成规模,运行也较为规范。信用社的主要工作内容既包括农村土地承包经营权的转让、托管、转包、互换、出租、承租和转租等交易,也包括土地的集中、整理、开放和规模经营。在进行经营权交易和土地流转的过程中,遵循依法、自愿和有偿原则,而且优先同一集体经济组织内部的成员。在信用社运作过程中建立了理事会和监事会,理事会负责机构运营工作,监事会则监督理事会的履职情况,这两个机构均向村民代表大会负责(程志强,2008)。

从本质上看,土地信用合作社也是土地承包经营权流转的交易平台,它并不用于农村信用社这样的金融机构,目前而言,尚无法实现土地抵押、担保、融资的作用。由于其标的物是农地,使用价值有限,土地信用社的运营成败关键在于贷地规模,因而只有引入高效益的农业产业化项目,才能保证信用社运营良好。

第二节　河南省与广东省的土地流转及
农村社会保障体系建设情况

我国大面积的土地制度改革和农村社会保障体系的构建与完善工作都是在 21 世纪第一个 10 年中开始的,到 2010 年以后,在中央政府的大力推动下,更是蓬勃发展。到 2015 年,无论是土地制度改革还是农村社会保障制度的完善都进行了一段时间。为了更好地了解这两项工作的进展,在国家哲学社会科学基金的资助下,笔者在河南省和广东省两省三县(区)下辖的四个村进行了问卷和访谈调查工作。在本节中,将先从省级层面了解河南省和广东省的社会经济发展状况、农村社会保障工作状况及土地流转基本状况。

一、河南省的基本状况

(一) 社会经济发展状况

河南省地处我国中东部、黄河中下游,与安徽、山东、河北、山西、陕西、湖北等省份接壤,截至 2014 年底,下辖 17 个地级市、1个省直管县级市。河南省是人口大省、农业大省。自 2000 年以来社会经济发展迅速,2013 年 GDP 达到 3.22 万亿元,人均 GDP 超过 3.42 万元,按可比价格计算其经济总量年均增速达到11.73%,人均 GDP 年均增速为 11.60%,快于全国平均水平,但近年来增速有所放缓。从产业结构上看,第二产业增速最快,年均增长率达到 14.16％,其次是第三产业,年均增长率达到 11.23％,第一产业最慢,年均增长率仅为 4.99％。同一时期内,河南省地方公共财政预算收入从 246.47 亿元增加到 2 415.45 亿元,其中税收收入从 195.04 亿元增加到 1 764.71 亿元,年均增幅分别达到19.19％和 18.46％。

表5‐2‐1 2005—2013 年豫、粤与全国及东中西部地区农民家庭人均纯收入的比较 单位: 元

年份	全国	河南	广东	东部地区	中部地区	西部地区
2005 年	3 255	2 871	4 690	4 720	2 957	2 379
2006 年	3 587	3 261	5 080	5 188	3 283	2 588
2007 年	4 140	3 852	5 624	5 855	3 844	3 028
2008 年	4 761	4 454	6 400	6 598	4 453	3 518
2009 年	5 153	4 807	6 907	7 156	4 793	3 816
2010 年	5 919	5 524	7 890	8 143	5 510	4 418
2011 年	6 977	6 604	9 372	9 585	6 530	5 247
2012 年	7 917	7 525	10 543	10 817	7 435	6 027
2013 年	8 896	8 475	11 669	12 052	8 377	6 834

数据来源: 1.《中国统计年鉴》,国家统计局官网,http://www.stats.gov.cn/tjsj/ndsj/2008/indexch.htm。
2.《河南省统计年鉴》,河南省统计网,http://www.ha.stats.gov.cn/hntj/lib/tjnj/2014/indexch.htm。
3.《广东省统计年鉴》,广东省统计信息网,http://www.gdstats.gov.cn/tjnj/2014/directory/content.html? 10-5。

伴随着第二、第三产业的快速发展,河南省的人口不断从农村地区向城市集聚。2013 年人口变动抽样调查的结果显示,截至年末全省户籍总人口为 1.06 亿,常住人口总数为 0.94 亿,其中有 43.8％的人居住生活在城镇地区。如果根据户口性质来分,则河农业户口人数达到 7 466.43 万人,占常住人口的 80.14％。数据

表明,2013 年河南省农民家庭的人均纯收入为 8 475 元,略低于全国平均水平,与中部省份的平均水平相当。如果分来源来看,则家庭经营和工资为主要收入来源,占比分别达到 50％和 42.27％,转移性收入和财产性收入较少。河南省是我国贫困人口数量较多的省份,截至 2014 年底全省还有 53 个贫困县、8 103 个贫困村,567 万贫困人口,约占全国贫困人口的 7％。作为全国人口总量排名第三的大省,河南省 65 岁及以上老年人口有 853 万,占常住人口的 9.1％,人口老龄化程度与全国平均水平一致。由于河南省的外出人口很多,2013 年时占全部户籍人口的 20％以上,其中 55％左右为跨省流动。鉴于外出人口多是劳动年龄人口,我们有理由相信其户籍人口的老年人口占比会略低于常住人口。总体而言,河南省属于经济欠发达地区,农业在经济总量中的占比大大高于全国平均水平,劳动生产率也比较低。从户籍人口的户口性质来看,农业人口占比超过 80％。虽然该省处于人口老龄化早期,老年抚养比不高,但由于人口总量较大,而政府公共财政和农民收入都较为有限,所以构建农村社会保障体系的任务仍然艰巨①。

表 5－2－2　2013 年全国及部分省份农民家庭人均纯收入结构

单位:元,％

		全国	河南	广东	江苏	湖北	四川
家庭人均纯收入	绝对值	8 896	8 475	10 542	13 598	8 867	7 895
	占比	100.00	100.00	100.00	100.00	100.00	100.00
工资性纯收入	绝对值	4 025	3 582	6 804	7 272	3 648	3 543

---

① 《河南省统计年鉴(2014)》,河南省统计网,http://www.ha.stats.gov.cn/hntj/lib/tjnj/2014/indexch.htm。

（续表）

		全国	河南	广东	江苏	湖北	四川
家庭经营性纯收入	占比	45.25	42.27	64.54	53.48	41.14	44.88
	绝对值	3 793	4 285	2 566	4 521	4 616	3 321
财产性纯收入	占比	42.64	50.56	24.34	33.25	52.06	42.06
	绝对值	293	160	556	646	84	202
转移性纯收入	占比	3.29	1.89	5.27	4.75	0.95	2.56
	绝对值	784	448	616	1 159	518	829
	占比	8.81	5.29	5.84	8.52	5.84	10.50

数据来源：《中国统计年鉴（2014）》，国家统计局官网，http://www.stats.gov.cn/tjsj/ndsj/2008/indexch.htm。

（二）农村社会保障工作的进展

近年来河南省政府积极响应中央政府的战略思路，全面推进城乡一体化工作，已经基本建立了农村社会保障体系，其中新农合、新农保和农村低保是构成保障体系的主体框架。

河南省是较早试点新农合制度的省份之一，自 2003 年起就在全省 21 个县市推行，2007 年时实现了全省覆盖。2014 年参合人数达到 8 119 万人，参合率 98.34％，人均筹资标准从 2005 年时的 30 元/人上升到 340 元/人，自 2009 年以来，每年人均筹资标准基本都有 50 元以上的增幅。在人均筹资中政府补贴逐年提高，2015 年时政府补贴达到 260 元/人。新农合住院费用在省、市、县、乡的报销比例分别达到 65％、70％、80％和 90％，住院封顶线也不断提高，2014 年起封顶线上调至 20 万元，对于一次性住院费用超过 5 万元的参合人员还予以分段报销的办法，提高其报销比例。河南省还建立了参合人员全省跨区就诊的绿色通道，对慢性病和特殊病种大额门诊费用的报销比例也提高到 60％和 70％以上。对于患重大疾病的农村儿童,新农合还会予以 70% 的补偿。这些措施大大减轻了农村居民的疾病负担,使农村居民能够更好享有高质量的医疗服务。为了使得本省外出农民工也能获得新农合的及时报销,省政府甚至还在北京、上海、深圳等农民工主要流入地设立了定点医疗机构。

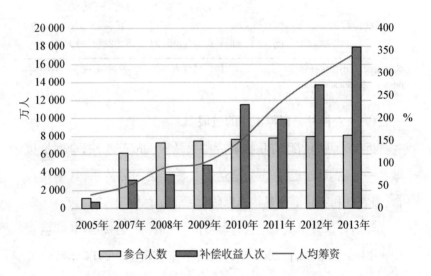

图 5-2-1 2005 年以来河南省参合人数、人均筹资及新农合收益情况变动

数据来源:《河南省统计年鉴(2014)》,河南省统计网,http://www.ha.stats.gov.cn/hntj/lib/tjnj/2014/indexch.htm。

除了新农合,河南省还于 2013 年起启动了城乡居民大病保险工作,凡是参加了城镇居民基本医疗保险和新农合的人都属于该制度的覆盖范围。根据 2015 年的最新规定,大病统筹的保费根据各地市经济水平不同分为 18 元、16 元和 14 元三个档次。参保人新农合报销后的自付部分中还可以根据金额的大小分别享受

50％～70％的补偿①。

河南省的新农保启动于 2009 年,当年省人民政府发布了《关于开展新型农村社会养老保险试点的实施意见》(豫政〔2009〕94号),根据各地市经济发展条件,个人缴费设 100～500 元五个档次,养老金由中央财政和试点地方财政按国务院规定予以补助,省、省辖市两级财政对参保人的缴费予以补贴,其中省财政每人每年补贴 20 元,省辖市补贴不低于 10 元,但各级财政对参保人的缴费补贴不能抵销个人缴费。新农保同样设立个人账户,实行完全积累制。基础养老金中央财政补贴每人每月 55 元,试点地区不得低于 5 元。截至 2011 年全省 101 个县参加了新农保的试点工作,超过 3 500 万名农村居民参保。2011 年起,河南省将原城镇居民社会养老保险和农村社会养老保险合并实施。到 2013 年,城乡居民的参保人数为 4 842.75 万,领取养老金的人数达到 1 194.84万②。

除此之外,河南省还在农村低保、贫困户救济、"五保户"供养等方面取得了进展。自 2005 年开始实行的最低生活保障,到2013 年时已有 390.92 万名农村居民能够享受到,政府对农村低保居民每人每月的补贴超过 150 元。农村贫困户救济总人数从2010 年的 5.6 万人次上升到 2013 年的 10.67 万人次,用于农村社会救济的财政资金从 2005 年的 5.6 亿元增加到 2013 年的 54.48亿元。对于农村五保对象的供养标准也在逐步提高,从 2005 年的

---

① 参见河南省卫生计生委、财政厅联合发布的《关于做好 2015 年新型农村合作医疗工作的通知》(豫卫基层〔2015〕9 号),http://www.hnhzyl.com/content.aspx?id=163735131564。

② 《河南省统计年鉴(2014)》,河南省统计局,中国统计出版社。

每年每人 1 000 元上升至 2013 年的不低于 2 220 元,集中供养标准更是高于每人每年 3 200 元,供养的人数则从 19.55 万人增加到 47.69 万人①。

总体而言,河南省的农村社会保障体系已经初步建立起来,但存在筹资困难、保障水平较低、管理监督不够等问题。在鼓励参与新农合与新农保的工作方式、工作效率等还有待改善。

(三) 土地流转基本情况

河南省的土地流转开始得较晚,最初发展速度也较慢。虽然从 20 世纪 90 年代就出现了土地的流转,但在很长一段时间里都没有明显的增长,而且不像沿海地区一样通过流转实现多种经营和规模经营。直到 2009 年以后,随着中央对农村土地流转的支持态度逐渐明朗,再加上全省工业化和城镇化速度加快后农村劳动力外流越来越多,土地流转的规模才呈现出逐年上升的态势。2011 年时全省实现流转的土地达到 1 982 万亩,占全省家庭承包耕地面积的 20.6%;2013 年时全省实现流转的面积达到 3 216 万亩,占家庭承包耕地面积的 33%。土地流转后主要被用于农业生产,其中 60% 以上仍是种植粮食作物,近 40% 被用于种植经济作物,还有少部分被用于非农业用途(王平、刘卫华,2012)。近年来土地流转面积每年的增速约为 5%,从河南省各地市的调查报告里可以看出,土地流转在全省成为常态。

从各地的调查报告中可以看出,河南省的土地流转存在一些

---

① 河南省民政厅、河南省财政厅,《关于做好 2013 年城乡居民最低生活保障和农村五保供养工作的通知》(豫民文〔2013〕65 号),http://www.henanmz.gov.cn/system/2013/04/10/010382864.shtml。

问题。例如,"非粮化"日益严重。种粮的经济效益相对较低,因而不少土地转入户会转种其他作物,有的甚至用于非农产业。长此以往,有可能会影响到河南省的粮食生产。还有就是土地流转的规范性有待提高,不仅 40% 左右的土地流转没有签订合同,有的地方还会发生强制流转的情况。为了推动全省土地流转,省政府从规范流转程序方面入手,在 2004 年颁布了河南省农村土地承包经营权流转规则,并给出了河南省农村土地承包经营权流转的合同示范文本;2014 年作为土地承包经营权确权全省试点,又颁布了《河南省人民政府办公厅关于开展农村土地承包经营权确权登记颁证试点工作的意见》(豫政办〔2014〕111 号),对相关工作进行了符合本地实际的安排。

总体而言,河南省作为我国中部地区的农业大省,土地流转工作相对落后,在农业的多样化经营和规模化经营方面都还有较大的改善空间。

二、广东省的基本状况

(一) 社会经济发展基本状况

广东省地处珠江三角洲,是我国南端的沿海省市,与香港、澳门特别行政区相连,与福建、江西、湖南、广西等省区接壤,与海南省隔海相望。截至 2014 年底,下辖 21 个省辖市,119 个县级行政区,目前是我国人口最多的省份。从全国来看,广东省属于较发达地区,但省内差异显著,珠三角地区经济最发达,与长三角一样同为我国重要的经济发动机,但粤西、粤北的丘陵、山区则比较落后。2013 年广东省 GDP 达到 6.22 万亿元,位列全国第一,人均 GDP

超过 5.85 万元,位居全国第七。按可比价格计算,其经济总量年均增速达到 11.93%,人均 GDP 年均增速为 9.97%,略快于全国平均水平,近年来增速同样有所放缓。从产业结构上看,广东省已经完成工业化进程,第一产业占 GDP 比例不到 5%,自 2001 年起第三产业的增加值已经开始超过第二产业,但相对而言,第二产业的发展较为稳定,而第三产业受外部环境影响明显起伏不定。到 2013 年三个产业占 GDP 的比重分别为 4.90%、47.34% 和 47.76%。分产业考察发展速度,则第二产业增速最快,年均增长率达到 13.29%,第三产业其次,年均增长率达到 11.55%,第一产业最慢,年均增长率仅为 3.77%。同一时期内,广东省地方公共财政预算收入从 910.56 亿元增加到 7 081.47 亿元,2005 年至今,地方公共财政预算收入都保持了两位数增长,2005—2007 年时年增速达到 20%~27%,2009—2010 年金融风暴后也有 23% 左右的增长,近年来由于宏观经济形势日趋严峻,地方财政收入的增长率下降至 13% 左右[①]。

与全国其他省区相比,广东省的城市化进程较快,2013 年常住人口为 1.06 亿人,城镇人口占到 67.8%,仅低于京、津、沪三个直辖市,即使从户口性质来看,非农业户口的比例也达到53.69%,农业人口的规模为 4 031.97 万人,比例为 46.31%。由于经济发达,广东省成为我国人口流动的主要目的地,特别是珠三角地区,全省的非户籍人口有 1 884.54 万人,占常住人口的 17.70%。大规模非户籍人口的涌入带来了丰富的劳动力,也使得广东省的人

---

① 《广东省统计年鉴(2014)》,广东省统计局,中国统计出版社。

口老龄化处于较低水平,2013 年时仅有 8.2％的常住人口是 65 岁及以上的老年人。但如果分城乡来看,差异是非常显著的。根据 2010 年第六次人口普查的结果,2010 年时广东省城镇地区 65 岁及以上老年人口占比仅为 5.50％,而农村地区为 9.34％,农村地区的老龄化水平几乎是城镇地区的两倍①。

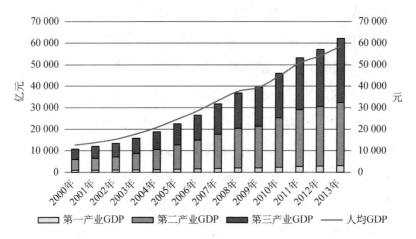

图 5-2-2　2000 年以来广东省分产业 GDP 及人均 GDP 变动情况

数据来源:《广东省统计年鉴(2014)》,广东省统计信息网,http://www.gdstats.gov.cn/tjsj/gdtjnj/。

　　从农村居民的家庭层面来看,广东省的平均户规模较大,自 2000 年以来虽有所下降,但至 2013 年时平均每户的常住人口仍有 4.82 人。家庭经济水平较为富余,2013 年家庭人均纯收入为 11 669.3 元,在全国位居第六位,不算三大直辖市则仅次于浙江、江苏两省。从收入来源看,家庭经营已经不是广东省农民的主要

———————

① 根据中国 2010 年第六次人口普查资料中分地区、分年龄、分性别的人口数计算得到。

收入来源,其工资性收入占比超过 60%,家庭经营性收入仅占 22.25%。需要注意的是,广东省农民的财产性收入占比相对较高,达到 8.92%,在全国仅次于北京,比上海和天津这两个直辖市都高出近 2 个百分点。其转移性收入占比则为 8.21%。

总体而言,广东省属于经济发达的沿海地区,经济总量在全国居首,人均劳动生产率也较高,从产业结构看,农业增加值在经济总量中的占比很低,工业发展较为稳健,而第三产业的增长起伏较大。全省的财政收入充足,2005 年以来地方公共财政预算收入始终保持较快增长。即使随着宏观经济形势的走低,未来财政增长速度将随之放慢,政府还是有较为充裕的财政负担能力。产业结构的调整一定程度上推动了城镇化进程,无论是从户口性质还是居住地来划分,广东省的城镇人口均占多数,然而由于人口总量规模巨大,农村社会保障体系需覆盖的人口仍超过 4 000 万。从人口年龄结构来看,全省 65 岁及以上人口占比低于全国平均水平 1.6 个百分点,值得注意的是,由于大量劳动力向城市地区集中,农村地区的人口老龄化程度几乎是城镇地区的 2 倍。广东省的社会经济发展状况和人口状况表明,在全国范围内,广东省的农村社会保障体系构建工作难度相对比较小,具有率先推进城乡社会保障一体化建设的能力①。

(二) 农村社会保障工作的进展

作为经济较为发达的省份,广东省较早开始农村社会保障体

---

① 《广东省统计年鉴》,广东省统计信息网,http://www.gdstats.gov.cn/tjsj/gdtjnj/。

系的构建工作。如今,在新农合、新农保、农村低保、农村贫困救济以及"五保户"供养等方面的工作都有不同程度的进步。

广东省2002年就在全省范围内由省政府组织、省农业厅承办推行新农合,早于全国其他地区,2003年时该项工作转由卫生厅组织,之后几年全省新农合参保人数逐年增加,2009年时达到顶峰的4 861.87万人。在省内城镇化水平高、农民较为富裕的地区,如东莞、佛山、珠海等,自2007年前后开始探索城乡一体化的居民基本医疗保险,之后逐渐在全省推广,这使得新农合的参保人数日益减少,2012年时全省121个县市只有10个仍保留了新农合,参保人数也下降到200万人。最终,2013年时广东在全省范围内实行了城乡居民基本医疗保险制度。新农合在广东作为过渡性政策只存在了10年。相较于广东省的经济发展水平而言,其新农合的筹资水平一直不高,2009年参保人数最多的时候人均筹资额也只是排在全国第8位,到2012年时,人均筹资额已经全国垫底。而新农合对参合农民的补偿比例大约在1/3。可以说,较低的补偿比例使得该制度对富裕的农民没有很大吸引力。

广东省政府2009年发布《广东省新型农村社会养老保险试点实施办法》(粤府〔2009〕124号),该项政策正式在省内推开。当时的参保范围、筹资标准、账户设立、基金管理等都参照国务院有关文件规定执行,例如个人缴费也分为100～500元5个档次,各级财政对缴费的补贴都不超过30元,基础养老金完全由政府承担等。2009年时新农保的参加者有258.6万人,当年领取的人数有108.3万人。但与新农合一样,由于保障水平过低,农民参保积极性不高,退保、断保的现象时有发生,2010年时广东的新农保参保人减少到只有 157.6 万人。为了吸引农民参保,各地政府一方面增加了个人缴费档次,另一方面根据自身财力加大了对基础养老金的补贴力度。例如,广州市将个人缴费的档次从原来的 5 档调整为 120 元～1 560 元的 7 档,同时增加了 110 元基础养老金,使得农保的整体待遇水平从 110～330 元之间提高至 155～511 元[①]。这些做法的效果较为显著,2011 年时全省新农保参保人数上升至 806.6 万人,其中 182.2 万人可以领取待遇。2013 年时全省参保人上升到 2 346.8 万人,其中 791.3 万人领取待遇。2013 年广东省政府颁布《广东省城乡居民社会养老保险实施办法》,标志着城镇居民社会养老保险和农村居民社会养老保险的合并。这份文件规定,只要年满 16 周岁(不含在校生),具有广东省户籍,不符合城镇职工基本养老保险参保条件的农村居民和城镇非就业居民都可以参加这一保险。个人缴费有从 120～3 600 元不等的 10 个档次可选择,基础养老金 65 元起,缴费超过 15 年后每多缴一年保费,基础养老金可增加 3 元[②]。2014 年这一办法得到了进一步修订。在修订后的实施办法中,规定省政府将根据经济社会发展和城乡居民收入增长的情况调整缴费标准,也允许各地区根据自身的发展水平增设缴费档次,但最高不得超过当地灵活就业人员参加职工养老保险的年缴费额。对于村集体的补助,也不得超过当地设

---

① 广州市人力资源和社会保障局:《广州"新农保"政策即将实施》,广州市新闻中心网站,http://www. gznews. gov. cn/node _ 10/2010-09/12850586036391. shtml。

② 广东省人民政府:《广东省人民政府关于印发〈广东省城乡居民社会养老保险实施办法〉的通知》(粤府〔2013〕92 号),广东省政府官方网站,http://zwgk. gd. gov. cn/006939748/201309/t20130929_407371. html。

定的最高缴费档次。为了鼓励参保人选择高缴费,文件规定年还规定缴费额超过 480 元的,其基础养老金不得低于 60 元[①]。而在《广东省人民政府关于印发提高我省底线民生保障水平实施方案的通知》中提出,2014 年 7 月起全省基础养老金进一步上调至 80 元,2015 年 7 月将调至 100 元[②]。

　　除此之外,广东省在农村低保、贫困户救济、"五保户"供养等方面的工作也都走在全国前列。广东省 1999 年就已经开始实践农村低保制度,2000 年有 9.5 万户 23.1 万人被纳入低保范围;2005 年有 49.18 万户 125.43 万人拿到了最低生活保障,2010 年有 74.5 万户 184.0 万人受益于最低生活保障。随着农民生活水平逐步提高,农村最低生活保障覆盖的家庭和人口逐渐减少,到 2013 年领取低保的家庭有 72.1 万户,共计 163.2 万人。与 2010 年时相比,减少了 2.4 万户 20 万人。在 2000—2005 年,农村低保的户保障水平一直在 800～850 元,到 2010 年上升到 2 212 元,而最近几年最低保障的上升速度惊人,2013 年已经达到 4 717 元,是 2010 年的 2 倍多。

　　总体而言,广东省的农村社会保障体系已经逐步与城镇相对接,城乡居民的医疗保险和社会养老保险都已经合并执行。在目

---

① 广东省人民政府:《广东省人民政府关于修订〈广东省城乡居民社会养老保险实施办法〉的通知》(粤府〔2014〕37 号),广东省人力资源和社会保障厅官方网站,http://www.gdhrss.gov.cn/publicfiles/business/htmlfiles/gdhrss/s70/201408/48406.html。

② 广东省人民政府:《广东省人民政府关于印发提高我省底线民生保障水平实施方案的通知》(粤府〔2013〕111 号),广东省人力资源与社会保障厅官方网站,http://www.gdhrss.gov.cn/publicfiles/business/htmlfiles/gdhrss/s70/201408/48407.html。

前和未来,探索城乡居民基本社会保险制度和城镇职工基本保险制度之间的衔接方式是其社会保障体系构建工作的重点。从筹资和保障水平来看,广东省都处于国内较为先进的地位。

(三) 土地流转的基本情况

广东省不仅经济发展和农村社会保障水平都处于国内较为先进的地位,土地流转的整体水平也处于全国前列。

20世纪90年代初,借助于深圳特区的崛起,广东省的工业化和城镇化速度极其迅速,特别是珠三角地区的土地需求旺盛。从那时起就已经出现了土地流转的早期形式。之后,随着产业结构调整和农村现代化推进,广东省土地流转规模逐渐扩大,而且向珠三角以外的区域扩散。2001年全省土地流转面积为255万亩,2003年增加到322万亩,2007年达到513万亩,其中耕地流转面积422万亩,耕地流转面积占当时全省耕地面积的14.4%。到2009年,仅耕地流转面积就达到524万亩,占全省家庭承包土地面积的18.7%。不仅在第二、第三产业发达的珠三角沿海地区,土地流转成为农民收入的重要来源,在粤北、粤西南等内陆山区、丘陵地带,土地流转也成为农民实现土地增值的重要手段(刘芳华、林丹,2010)。广东省的土地流转以转包和入股为主,且多以集体统一流转为主要流转形式。在珠三角地区集体统一流转接近九成,例如佛山南海区的股份制改造就是非常典型的例子;而在山区和丘陵地带的流转集体与农户自发各占一半。

广东省的土地流转发展势头迅猛与政府的引导作用分不开。1992年广东省第七届人民代表大会常务委员会第二十五次会议就通过了《广东省农村社区合作经济承包合同管理条例》,以地方性法规的形式对土地流转进行规范性管理。2003年广东省政府又发布了《关于试行农村集体建设用地使用权流转的通知》(粤府〔2003〕51号),对省内农村集体建设用地使用权流转的原则和条件进行了规定。2005年又通过了《广东省集体建设用地使用权流转管理办法》(省政府令第100号),规定农村集体建设用地流转取得的收益中50%必须用于本集体经济组织成员的社会保障安排。近年来的土地确权工作,广东省也要力争在三年之内完成。在政府的大力推动下,广东省佛山市南海区成为我国首批农村集体经营性建设用地入市的试点地区。

第三节　鹿邑县、淮阳县、揭阳市蓝城区的问卷调查情况及结果分析

为了了解不同地区农民对于农村社会保障和土地流转问题的看法和态度,以及当前农村地区这两项工作的进展状况,我们进行了问卷调查和访谈。问卷调查和访谈的地方选择了河南省的鹿邑县和淮阳县,以及广东省的揭阳市。前者代表经济欠发达、农业占比较高的河南省,后者代表经济发达、已实现工业化进程的广东省。

鹿邑县是河南省直管县,位于河南省东部与安徽省的交界处,总面积1 238平方公里,2015年底总人口约121万人。鹿邑县地理位置较好,与中原经济区、皖江经济带和长三角均有联系。2015年鹿邑县的地区生产总值为260.18亿元,第一产业增加值48.63

亿元,第二产业增加值 127.13 亿元,第三产业增加值 84.41 亿元,全县公共财政收入 10.37 亿元,城镇居民人均可支配收入 21 163元,农村居民人均现金可支配收入 10 100 元。鹿邑县的经济发展水平在河南省直管县中处于中游。鹿邑县是典型的内陆农业大县,近年来虽然粮食种植面积逐步减少,但粮食总产量逐年提高,2015 年粮食总产量达到 93.3 万吨,是全国粮食生产先进县、全国生猪调出大县。县内有 27 家产值过千万元的大农业龙头企业,农业专业合作社和农业大户较多,仅 2014 年就新增 676 个,新发展的种养大户也超过 500 户[①]。截至 2013 年底全县共有耕地121.05 万亩,其中实现流转的面积为 11.85 万亩,不足耕地总量的 10%,土地流转涉及农户 3 万户左右,占农户总量的 11.5%(位英,2014)。

淮阳县是河南省周口市的下辖县,位于河南省东南部,总面积1 407 平方公里,2015 年时的总人口为 130 万人左右。与鹿邑县相比,淮阳县的经济发展水平略低。2015 年全县完成地区生产总值 201 亿元,公共财政收入 6.8 亿元,城镇居民人均可支配收入20 744元,农民人均纯收入 7 644 元。淮阳县的经济发展水平在周口市下辖县中处于相对落后的位置。淮阳县的粮、棉、油料作物产量在河南省名列前茅,畜牧业居河南省领先地位,是全国粮食生产先进县、全国油料生产五强县,也是槐山羊、黄花菜、花生、大蒜的生产出口基地。全县共有土地面积 220.18 万亩,其中耕地 177.32 万

---

① 《2015 年鹿邑县国民经济和社会发展统计公报》,河南省统计局官方网站,省直管县公报,http://www. ha. stats. gov. cn/sitesources/hntj/page_pc/tjfw/tjgb/szgxgb/article3c19993a39a9466b8ebe1272ed868492. html。

亩,人均耕地面积 1.13 亩。2014 年全年粮食总产量突破 100 万吨,全县土地流转 32.8 万亩,占全县耕地面积的 22.2%。

揭阳市是广东省省辖地级市,位于广东省东部,是海西经济区的重要组成部分,全市面积 5 240 平方公里,2015 年全市常住人口605.89 万人,是人口净流出地区。2015 年全市完成地区生产总值1 890.01 亿元,其中第一产业 168.46 亿元,第二产业 1 144.31 亿元,第三产业 577.24 亿元,公共财政预算收入 77.39 亿元,城镇居民人均可支配收入 21 344 元,农村居民人均可支配收入 11 333元[①]。揭阳市总体而言属于粤东沿海经济欠发达地区的农业市,流转农地占总耕地面积的比例较珠三角其他地区的比例低(陈淑琼,2015)。

通过对三个县市的基本情况介绍,可以知道三个地区的经济发展水平有一定差距,但都属于农业较为发达的地区,耕地流转状况也不一致。最终我们以鹿邑县的孙庄、淮阳县的前夏村以及揭阳市蓝城区桂岭镇的鸟围村作为调查地点,向鹿邑县的孙庄和淮阳县的前夏村各发放 50 份问卷,向蓝城区的鸟围村发放 100 份问卷,共计 200 份。

本次调查以家庭为单位,在样本家庭选取 16 周岁及以上、具有当地农业户口并在当地长期居住、从事农业生产或者其他非农工作的人员作为被调查对象。调查以入户访谈的方式进行。由于调查组织能力有限,本次调查没有按照严格的抽样框进行抽样,而

---

① 《2015 年揭阳市国民经济统计快报》,揭阳统计信息网,http://www.gdjystats.gov.cn/Article/ShowInfo.asp?ID=6609。

是根据村人口结构的分布,兼顾被调查家庭的经济水平选取样本,因而只能算是典型调查。但从结果来看,基本符合我们调查之前的预判。为了弥补问卷调查信息可能存在的不足,我们还在这几个村对村干部进行了深入访谈。

一、样本村庄的基本情况

(一) 孙庄

孙庄位于河南省周口市鹿邑县西部边界,西邻太康,北靠柘城,南与辛集乡邻接,东与高集乡毗邻,距县城24公里,该行政村面积约6平方公里。2000年时全村共承包了675亩土地,其中小麦、玉米等粮食作物的播种面积达到540亩,大豆、棉花等经济作物播种面积为50亩,另有85亩的蔬菜大棚,承包地的耕种率为100%。2000年全村一年的总产值大约为81.68万元,且全部为农业产值,其中种植业64.80万元、养殖业8.10万元、其他农业产出8.76万元,占比分别为79.34%、9.91%和10.74%。到2013年,孙庄的承包地数量增加了89亩,达到764亩,当年播种的粮食作物面积为645亩,其他经济作物的播种面积也增加了20亩,但蔬菜大棚仅剩10亩,承包地的耕种率为94.90%,约5%的耕地被撂荒。2013年全村一年的总产值增加到352万元,其中农业总产出305.6万元,非农总产出4.65万元,非农产出的比例为1.32%。种植业占农业总产值的比例比2000年时更高,达到85%,养殖业占比也提高达到12%,其他农业产出占比则降低到3%。在这10多年里,农业生产率有明显提高,其中粮食作物的亩产量从400公斤上升到1 000公斤,其他经济作物的产量则保持在1 200公斤左右。

虽然孙庄可以说是一个纯农业村,但其耕地却比较有限,按照户籍人口1 643人计算,人均半亩地都不到。由于人多地少,大部分村民都外出务工,有季节性的,也有长年在外的。全村共有418户1 643人中,外出务工854人,仅789人常住村里,外出务工人员占全村户籍人口的51.98%。孙庄户籍人口0~14岁的学龄人口、15~59岁劳动年龄人口和60岁及以上老年人口的占比分别为30.01%、48.27%和21.72%,而常住人口中老年人口的比例高达41.06%,学龄人口的比例为29.78%,劳动年龄人口仅占到29.15%。在15~59岁的劳动年龄人口中,外出务工者的比例甚至超过了70%。

孙庄的承包地流转从2010年10月起开始,主要是通过租赁和转让的形式,基本上都是农户之间的私下协议和口头商量。承包地主要由外出务工人员向留在农村的人员流转。土地流转之后对全村的农业生产有一定的影响,之前各家的土地主要种植小麦和棉花,土地归并后棉花的播种面积下降,代之以玉米。通过承包地的流转,土地流出户的现金收入增加了,土地转入户的劳动生产率提高,劳动收入也增加了。承包地的流转对转出或者转入户来说都有好处。相较而言,农户宅基地的流转早于承包地的流转,自2005年时就已经开始。一般也是长年在外务工、基本不回农村的人们转给那些留守在村里的农户。因为是村民之间的交易,所以都是双方协商好价格后,去村委会登记并办理相关手续。近10年来,全村的土地进行了调整,一方面是国家征用土地48亩,涉及12户农户,这其中有35亩用于建设高速公路,补偿标准为一次性

12 000 元/亩；13 亩用于提供高速公路的地基用土,补偿标为
8 000 元/亩。孙庄没有集体经营性建设用地。

据村干部介绍,孙庄实行了农村社会养老保险,投保率很高,
即使是已经被征地、户口性质转为非农业户口的人,只要没有稳定
就业,都被要求参保,且在家庭成员之间形成"捆绑"。尽管执行时
存在一定的强制性,人们对于农村社会养老保险还是比较积极的,
认为该项制度使得农村老人丧失劳动能力后生活能够得到保障。
目前的保费每人每年至少 100 元,60 岁之后每个月可以领取 60
元补助。

(二) 前夏村

前夏村位于河南省周口市淮阳县东北部,距县城也是 20 多公
里,行政村面积 4.3 平方公里。2000 年时全村共承包了 513 亩土
地,当年小麦、玉米等粮食作物的播种面积达到 445 亩,大豆、棉花
等经济作物播种面积为 48 亩,另有 20 亩的蔬菜大棚,承包地的耕
种率为 100%。2000 年全村一年的总产值大约为 72.61 万元,且
全部为农业产值,其中种植业 61.56 万元、养殖业 6.82 万元、其他
农业产出 4.23 万元,占比分别为 84.78%、9.39%和 5.83%。到
2013 年,前夏村的承包地数量增加了 36 亩,达到 549 亩,当年播
种的粮食作物面积为 465 亩,其他经济作物的播种面积增加了 36
亩,但蔬菜大棚不再种植,承包地的耕种率仍为 100%。2013 年全
村一年的总产值增加到 262.90 万元,其中农业总产出 251.10 万
元,非农总产出 11.80 万元,非农产出的比例为 4.49%。种植业
占农业总产值的比例下降到 43.73%,养殖业占比上升到
23.47%,其他农业产出占比上升到 5.89%,另外有 1/4 左右的其

他与土地相关的产出。在这10多年里,农业生产率有明显提高,其中粮食作物的亩产量从400公斤上升到800公斤,其他经济作物的亩产量则从900公斤左右增加到1 000公斤。

与孙庄一样,前夏村的人均耕地面积也不到半亩。全村338户1 247人,其中43.62%的人外出务工,常住村里的有703人。前夏村户籍人口中劳动年龄人口占比比孙庄高出约10个百分点,为58.70%,0~14岁的学龄人口和60岁及以上老年人口的占比分别为23.18%和18.12%,常住人口中老年人口的比例约为1/4,与孙庄相比,劳动年龄人口的外出比例没有那么高,不到55%。

前夏村的承包地流转开始得比孙庄早三年,其形式也是流转双方签订书面合同或者口头协议,以租赁和转让为主。与孙庄一样,承包地对农业生产的影响主要表现在耕种作物的变化上,转让之后粮食作物的种植少了,而经济作物的种植多了。承包权的转让对双方都有一定益处。在前夏村中,不存在宅基地的流转。最近10年,前夏村的土地也被国家征收过,共被征了17亩,涉及6户农户。其中16亩用于建设粮仓,1亩用于建设黄路口乡办公墓。补偿标准为20 000元/亩。

前夏村共有30亩集体经营性建设用地,由村集体出面将土地租赁给企业,建造了面粉厂、食品厂、地膜厂以及中石化的加油站。企业一次性给每户发放了2 000元的补贴。除此之外,村集体经营性建设用地的收益都按照村里的规定进行分配,每位村民都有一定份额。但到2015年为止,从没有进行过现金分红。由于签订的合同时间较长,所以这种状况一直没有发生变化。前夏村的农村社会保险制度也实行得较好,村民都被要求参加,但也存在执行过程中的家庭成员捆绑参保的问题。

(三) 鸟围村

鸟围村位于广东省揭阳市蓝城区的西北部,交通较为便利,行政村面积约 3 平方公里。与孙庄和前夏村的自然条件相比,鸟围村的气候与土壤更适合水果、蔬菜等的生长,所以在种植种类上与中部地区差异明显。2000 年时全村共有承包地 478.3 亩,当年的玉米等粮食作物播种面积为 332 亩,果树 35 亩,蔬菜大棚 52 亩,还有 28 亩其他经济作物,承包地的耕种率为 93.46%,也就是说那时鸟围村有 6.5% 的土地被撂荒。2000 年鸟围村的经济总产值是 834 万元,其中农业产出 75 万元,非农业产出 759 万元,非农业产出占比 91.01%。在农业总产值中种植业、养殖业和其他农业产出的占比分别为 38.67%、26.67% 和 34.67%。到 2013 年时全村的承包地减少了近 40 亩,全村粮食作物播种面积减少了近1/3,仅有 211.6 亩,果树种植也减少到 31.7 亩,蔬菜大棚的种植增加到 60.4 亩,其他经济作物则从 28 亩增加到 883.7 亩,承包地的耕种率下降到 90% 左右。该年全村年经济总产值为 1940.9 万元,其中农业总产出为 130.63 万元,非农业总产出为 1 810.27 万元,农业产出占比进一步下降。在农业总产值中种植业的占比下降到 33.82%,已经低于其他农业产出的 34.67%。从农业生产率方面看,无论是粮食作物、果树、蔬菜大棚还是其他经济作物,都有一定程度的增长。由此可以看出,与中原地区的农村大相径庭,鸟围村虽然还是农村地区,但其经济结构已经实现了工业化,非农总产出占比超过 90%,土地的撂荒率达到 10%。即使在农业领域中也不是单一结构而是多样化经营,其他农业产出和养殖业等比例较高,种植业占比仅 1/3 强。

与中部的农村相比,鸟围村的人地矛盾更严重。2014 年时的承包地有 429.6 亩,而户籍人口有 3 046 人,按此计算的人均耕地面积仅 0.14 亩。因为本地非农经济较为发达,所以鸟围村户籍人口中外出务工的人并不算多,有 76.20% 的人常住在村里。户籍人口中 0~14 岁、15~59 岁、60 岁及以上的人口占比分别为17.53%、69.11% 和 13.36%。与另外两个村相比,劳动年龄人口的抚养负担相对较轻。即使在常住人口中老年人口的占比也只有15.77%,远低于孙庄的 40% 以上和前夏村的 1/4。

鸟围村的承包地流转开始得更早些,从 20 世纪 90 年代就存在,基本上都是村民之间的相互租赁,流转都是双方协商完成,没有外部机构或组织介入。承包地从子女在外务工或迁移至外地的农户手中流出,向种植大户(即外来专业种植组织)和主要从事高产值农业(例如经济作物和养殖业)的农户集中。承包地流转使全村的农业生产稳定在一定水平,承包地流转用于农业生产的年租金只有 400~500 元/亩,工厂用地的年租金可达 600~700 元/亩,但是一般农户只有一两亩地出租,所以经济收入只有小幅增加。宅基地的流转很少,全村只有两三户进行了流转。最近 10 年鸟围村并没有经历过国家征地,拥有的村集体经营性建设用地约 20%出租,承租人基本都是村里的能人,收益全部用于村基础设施建设和村集体各项支出,没有进行分配。

鸟围村也推行了农村养老保险制度,但只有 60 岁以上老人才能够参加,每年交 120 元,60~70 岁每月可以领 60 元,70~80 岁每月领 80 元,80~90 岁每月领 90 元,以此类推。

综上所述,我们选取的三个村子里,中部地区的两个是明显的农业村,其中农业又以种植业为主,是村里几乎唯一的经济来源;而东部沿海地区的村庄从产业结构上讲已经进入非农化时代。由于很难在本地实现非农化,中部地区的农民中大多数的人外出务工,而广东省的农民大多数会留在户籍所在地就地转化。两个省份的农民在对待土地的态度上有明显差异,中部地区的农民更依赖土地的产出功能,因而承包地的耕种率较高。虽然近年来也出现了撂荒的情况,但更多是劳动力外出务工、无人耕种而造成的。而对于广东的农民,他们基本上已经摆脱了对土地产出功能的依赖,即使他们没有外出务工,也不愿意从事经济效率较低的农业生产。鸟围村的土地撂荒比例较高不是因为没有劳动力,而是因为从事农业收入低。三个村子都实施了新农合、新农保等社会保障制度,总体而言参保情况尚可,其中新农合的参保热情更高些。三个村子的土地都经过大大小小的调整,孙庄和前夏村都曾经历过征地,被征用的土地用于修建高速公路、公墓以及国家粮仓,补偿标准在 8 000～12 000 元/亩,农民对于土地被征用并不满意,因为征地补偿水平太低。而鸟围村因为地处粤东欠发达地区,目前还没有被征用过土地。

二、问卷调查结果

(一) 样本农户基本情况

本次调查共获得 200 户农村家庭的基本情况。样本农户中涉及的人口数为 930 人,其中男性 522 人,女性 408 人,性别比为 127.94。年龄分布上 15～59 岁劳动年龄人口占绝大多数,15 岁及以上人口中从事务农或者其他非农职业的人占比分别是45.9%和24.6%,另有23.5%的人处于在学状态。在全部样本户的涉及人口中83.2%的人拥有承包地,99.5%的人参加了新农合,但参加新农保的比例仅为47.0%。200个样本户的户均家庭规模为4.7人,家庭常住人口有3.7人,户均劳动力2.5人,其中户均非农业就业人口为1人。样本户的家庭纯收入平均4.9万元/年,其中工资性收入占比超过75%,农业收入占比21.8%,其他经营性收入2.3%,而财产性和转移性收入可以忽略不计。

如果分调查村庄来看,鸟围村与孙庄和前夏村的差别明显,而后两者没有显著差异。

鸟围村被调查的样本家庭户有100个,共涉及人数527人,其中男性302人,女性225人,男女性别比为134.22。被调查家庭中15~59岁劳动年龄人口占比为72.7%,在三个样本村中最低,0~14岁学龄儿童人口占比为15.7%,在三个样本村中最高。被调查家庭户中15岁及以上人口中67.2%在业,务农非务农各占一半,从事非农职业的比例远高于河南省的两个样本村,在学状态的占22.7%,不在业的比例为9.0%,也是三个样本村中最高的。鸟围村被调查家庭户中83.3%的人拥有承包地,99.6%的人参与了新农合,但参与新农保的人只有18.2%。这里的被调查家庭户户均规模为5.4人,家庭常住人口为4.4人,是三个村庄里最高的,户均拥有2.9个劳动力,但从事非农就业的劳动力有1.5人。鸟围村被调查家庭户的户均纯收入为6.3万元,远高于其他两个村,其中工资性收入占比达到83.9%,农业收入占比仅有10.5%,其他经营性收入为4.9%,财产性收入和转移性收入也可忽略不计。

孙庄被调查的样本家庭户 50 个,共涉及人数 204 人,其中男性 108 人,女性 96 人,男女性别比为 112.5。被调查家庭中 15～59 岁劳动年龄人口占比为 73.5%,0～14 岁学龄儿童人口占比为 11.8%,而 60 岁及以上人口占比为 14.7%,在三个样本村中最高。被调查家庭户中 15 岁及以上人口中 75% 在业,其中务农人员占到 63.3%,从事非农职业的比例为 11.7%,务农人员在在业人员中的占比为 84.4%,是三个村中最高的。15 岁及以上人口中在学的比例为 23.9%,接近平均水平。孙庄被调查人员中拥有承包地的比例为 81.9%,参加新农合的比例为 99.5%,参加新农保的比例为 89.8%,是三个村中最高的。这里的被调查家庭户户均规模为 4.1 人,家庭常住人口为 3 人左右,户均拥有 2.1 个劳动力,从事非农就业的劳动力只有 0.4 人。孙庄被调查家庭户的户均纯收入为 4.1 万元,其中工资性收入占比达到 66.3%,农业收入占比为 30.9%,其他经营性收入、财产性收入和转移性收入可忽略不计。

前夏村被调查的样本家庭户也是 50 个,共涉及人数 199 人,其中男性 112 人,女性 87 人,男女性别比为 128.74。被调查家庭中 15～59 岁劳动年龄人口占比为 77.9%,为三个样本村中最高的,0～14 岁学龄儿童人口占比为 11.1%,60 岁及以上人口占比为 11.1%。被调查家庭户中 15 岁及以上人口中 74.6% 在业,其中务农人员占到 59.3%,从事非农职业的比例为 15.3%,务农人员在在业人员中的占比为 79.49%。15 岁及以上人口中在学的比例为 24.9%。前夏村被调查人员中拥有承包地的比例为 84.4%,参加新农合的比例为 99.0%,参加新农保的比例为 76.7%。这里的被调查家庭户户均规模为 4.0 人,家庭常住人口为 4.1 人,家庭常住人口为 3 人左右,户均拥有 2.2 个劳动力,从事非农就业的劳动力只有 0.5 人。前夏村被调查家庭户的户均纯收入为 3.7 万元,是三个样本村中最低的,其中工资性收入占比达到 70.8%,农业收入占比为 29.2%,其他经营性收入、财产性收入和转移性收入可忽略不计。

表 5-3-1　样本家庭的基本情况

	全部样本家庭		鸟围村		孙庄		前夏村	
性别(人,%)	人数	占比	人数	占比	人数	占比	人数	占比
男性	522	56.1	302	57.3	108	52.9	112	56.3
女性	408	43.9	225	42.7	96	47.1	87	43.7
年龄(人,%)								
0~14 岁	129	13.9	83	15.7	24	11.8	22	11.1
15~59 岁	688	74.0	383	72.7	150	73.5	155	77.9
60 岁及以上	113	12.1	61	11.6	30	14.7	22	11.1
就业状态(人,%)	(15 岁及以上)							
务农	368	45.9	149	33.6	114	63.3	105	59.3
非农职业	197	24.6	149	33.6	21	11.7	27	15.3
失业	5	0.6	5	1.1				
在学	188	23.5	101	22.7	43	23.9	44	24.9
其他	43	5.4	40	9.0	2	1.1	1	0.6
承包地拥有(人,%)	774	83.2	439	83.3	167	81.9	168	84.4
新农合参保(人,%)	925	99.5	525	99.6	203	99.5	197	99.0
新农保参保(人,%)	287	47.0	62	18.2	123	89.8	102	76.7
户均家庭规模(人/户)	4.7		5.4		4.1		4.0	

（续表）

	全部样本家庭	鸟围村	孙庄	前夏村
户均劳动力（人/户）	2.5	2.9	2.1	2.2
户均非农就业（人/户）	1.0	1.5	0.4	0.5
户均家庭纯收入（万元/户）	4.9	6.3	4.1	3.7
农业收入占比（%）	21.8	10.5	30.9	29.2
工资性收入占比（%）	75.4	83.9	66.3	70.8
其他经营性收入（%）	2.3	4.9	0.8	0.0
财产性收入（%）	0.3	0.6	0.0	0.0
转移性收入（%）	0.5	0.0	1.9	0.0

根据对三个样本村被调查家庭基本情况的描述,可以看到粤东和豫东农村地区情况有较大差别,相对而言,粤东地区的农民家庭户均收入比豫东地区农民家庭高出很多,这可能与他们从事非农职业的比例较高有关,农业收入对于农民家庭而言可以说是无足轻重;而豫东地区农民仍以务农为主,但即便如此,农业收入也不是家庭收入的主要来源,有2/3以上的收入来源于工资性收入。可见,无论在发达地区还是欠发达地区的农村,仅靠农业生产获得的收入是无法维持正常生活的。虽然三个样本村中都有80%以上的人拥有承包地,但显然农业生产在粤东农村的重要性远低于豫东农村。

（二）农户土地流转情况

农村土地包括承包耕地、承包林地、承包鱼塘、宅基地、集体经营性建设用地等类型,在本研究中我们主要关注的是承包地和宅基地的流转情况,对于集体经营性建设用地的情况则主要参考对村干部的访谈来考察。

1. 承包地与宅基地的数量及变化

在被调查人员中,有 163 人拥有承包地,户均承包地的面积在 2.90 亩,其中最少的只有 0.5 亩,而最多的有 23 亩,全部样本承包地面积的标准差为 2.59 亩。如果按照户籍人口计算,全部样本的人均耕地仅为 0.71 亩,即使将一部分家庭成员外出务工的情况考虑进去,人均耕地也只有 0.96 亩。

三个村子比较起来鸟围村的耕地更为紧张,户均承包地面积为 2.22 亩,按户籍人口计算人均不到半亩地,即使按照常住人口计算也只有 0.54 亩。孙庄和前夏村相对好一些,但也不宽裕。孙庄户均承包耕地 3.66 亩,按户籍人口计算为 0.98 亩,接近 1,如果按常住人口计算,则人均耕地可以达到 1.39 亩。前夏村户均承包耕地 3.15 亩,按户籍人口计算的人均耕地为 0.86 亩,按常住人口计算则为 1.14 亩。三个村子中承包地的标准差最大的是前夏村,也就是说,前夏村中耕地在家庭户中的分布是最不均匀的。

相比耕地,被调查人员中拥有宅基地的比例更高些,除了个别农户外,有 194 名被调查者拥有 1~5 块不等的宅基地,户均宅基地的面积在 0.4 亩,其中最小的为 0.1 亩,最大的也不过 0.8 亩,可以看出宅基地在农村的分配更加平均。相比较而言,鸟围村每户都有宅基地,最多的有 5 块,但因其土地资源更为稀缺,所以户均宅基地只有 0.37 亩,孙庄和前夏村虽然有个别没有宅基地,但户均面积要大一些,大约为 0.43 亩。

在 163 个拥有承包地的农户中,有 35 户的承包地在最近 10 年中增长了 0.5~20 亩的土地,户均转入 2.3 亩,其中有一户是因为村里承包地调整而增加,其余均为向原承包户租赁得到;有 161 户农户的土地数量有 0.4~6 亩的减少,户均转出土地 1.47 亩,其中一户因村里承包地调整而减少,其余均是将土地租赁给其他农户。在全部 200 户被调查农户中,只有 8 户的承包地数量没有发生变动,1 户因承包地调整发生变动,承包地流转可以说已经成为非常普遍的做法。

表 5-3-2　被调查农户的可支配承包地数量　单位:亩

	样本数	户均承包地	极小值	极大值	标准差
鸟围村	70	2.22	0.50	11.00	1.61
孙庄	48	3.66	1.00	14.00	2.91
前夏村	45	3.15	1.30	23.00	3.19
全部样本	163	2.90	0.50	23.00	2.59

表 5-3-3　被调查农户的宅基地数量　单位:亩

	样本数	户均宅基地	极小值	极大值	标准差
鸟围村	100	0.37	0.10	0.80	0.16
孙庄	48	0.43	0.40	0.80	0.10
前夏村	46	0.43	0.40	0.80	0.11
全部样本	194	0.40	0.10	0.80	0.14

调查数据也表明,**虽然承包地流转已经是普遍现象,但实现规模耕种的比例并不高。**转入的承包地以 1~3 亩为绝大多数,大约占全部转入农地农户的 60%,其次是 1 亩以下,大约占28.57%,转入面积超过 10 亩的仅只有 1 户,占所有转入土地农户的

2.86%。转出土地的面积也同样以 3 亩以下居多,其中 1～3 亩的占到 80.75%,1 亩以下的有 16.77%,3～10 亩的仅 4 户,10 亩以上的则没有。转出土地与农户自身拥有的土地量有关,中部和东部地区都是人口密集区,人均土地资源匮乏,所以,转出的土地碎片化符合现实。转入土地的碎片化则可能与农民经营思路有关。

表 5-3-4　被调查农户流转土地的面积分布　单位: 户,%

		1 亩以下	1～3 亩	3～10 亩	10 亩以上
转入土地	户数	10	21	3	1
	比例	28.57	60.00	8.57	2.86
转出土地	户数	27	130	4	0
	比例	16.77	80.75	2.48	—

表 5-3-5　分村庄的被调查农户转入土地面积分布　单位: 户,%

		1 亩以下	1～3 亩	3～10 亩	10 亩以上
鸟围村	户数	9	21	2	0
	比例	28.1	65.6	6.3	0
孙庄	户数	1	0	1	0
	比例	50	0	50	0
前夏村	户数	0	0	0	1
	比例	0	0	0	100

如果分村庄来看的话,会发现鸟围村被调查农户中有农地流入的农户有 32 家,其中流入面积在 1～3 亩的占 65.6%,达到 21家,其次是 1 亩以下的占 28.1%,有 9 家,3～10 亩的占比为 6.3%,仅有 2 家,而流入 10 亩以上的没有。孙庄和前夏村有土地

流入情况的农户数量非常少,一共只有 3 家,其中孙庄的流入面积在 10 亩以内,而前夏村仅有 1 户的农地流入面积达到 20 亩。也就是说,相对而言,粤东农村里的流转情况更普遍,而在豫东农村土地流转的情况还比较少。而这种结果与我们通过文献检索得到的印象是一致的。

调查数据显示,承包地最早出现在 1992 年,但当时的流转比较少,在 1992—2002 年的 10 年间发生流转的农户共有 26 户,占全部发生土地流转农户的 13.54%,2003—2009 年首次发生流转行为的农户逐年增多,从开始的每年 16 户发展到 2009 年时的 27 户,自 2010 年起数量有所减少,2013 年才首次发生流转的农户仅 2 户,2014 年则没有。

表 5 - 3 - 6   承包地流转最初开始的年份   单位: 户,%

	农户数	比例
2000 年及以前	14	7.30
2001—2005 年	66	34.36
2005—2010 年	98	51.04
2011 年及以后	14	7.30
合计	192	100.00

分地区来看,鸟围村由于地处广东省沿海,虽然在省内经济水平只能算是欠发达,但相对于内陆省份,仍属于发展较快的,因而较早开始了土地流转的尝试。在这里自 20 世纪 90 年代土地初次流转的农户有 11 户,占有效问卷的 11.6%,2000—2004 年间初次流转的有 31 户,占有效问卷的 32.6%,2005—2009 年初次流转的有 37 户,占比为 38.9%,2010 年以后初次流转的有 16 户,占

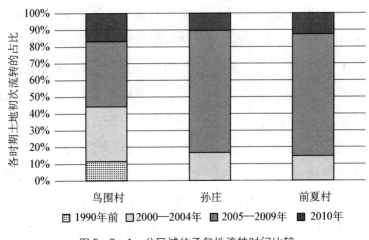

图 5-3-1　分区域的承包地流转时间比较

16.8%。与之相对比的是,地处内陆欠发达省份的孙庄和前夏村的被调查农户在 20 世纪 90 年代都没有进行过土地流转,这两个村的初次流转最早都发生在 2000—2004 年期间,其中孙庄有 8 户,占比为 16.7%,前夏村有 7 户,占比为 14.6%;2005—2009 年是这两个村土地流转迅速上升的时期,初次流转发生在这一阶段的各有 35 户,占比均为 72.9%;2010 年以后初次流转的分别有 5 户和 6 户,占比达到 10.4% 和 12.5%。

无论是粤东还是豫东,被调查的三个村庄在 2010 年以后才进行初次流转的比例都较低,这说明目前农村土地的流转格局已经基本定型。随着越来越多的农户从事非农就业,为了更好利用资源、避免土地撂荒,早在 20 世纪 90 年代耕地开始逐渐向仍坚持从事农业生产的农户手里集中,由于土地承包权的长期稳定,农户的承包地原则上不发生变化,因而近年来新发生承包地流转的农户会比较少,甚至绝迹。

与承包地相比,宅基地流转在农村较少。在被调查的 200 户农户中,只有 7 户农户的宅基地进行了流转,其中鸟围村 2 户,孙庄 1 户,前夏村 4 户。另外,鸟围村中有 9 户用宅基地从事了其他非农经营,有 23 户农户有 1~2 处的宅基地处于空置状态。由此可以看出,在河南的这两个村庄,宅基地的分配基本是按照农户的需求进行,因而各家的宅基地基本上都用于建房自住,数据所表现出的流转比例少并不能说明被调查农户对宅基地流转的态度;而在广东的鸟围村,有闲置宅基地的农户 34 户,其中 2 户流转、23 户空置、9 户从事非农经营,即使按照这个口径,宅基地的流转率也只有 5.9%,这说明鸟围村的农户对宅基地的流转并不积极。

表 5-3-7　分地区的宅基地流转情况　单位: 户,%

	样本数	宅基地流转	流转率
鸟围村	100	2	2.0
孙庄	50	1	2.0
前夏村	49	4	8.2
全部样本	199	7	3.5

2. 承包地及宅基地流转原因

对于土地转出农户来讲,将耕地转出的主要原因有两个:一是由于农产品价格长期保持低位,农业生产的成本逐年走高,农业生产的收益越来越低,对于多数农民来讲"种得越多,亏得越多"是种植业经济收益状况的真实写照。二是随着农民大量进入城镇地区打工,留居在农村的劳动力相应减少,户规模 4~5 人的家庭里,有效劳动力只有 1~2 人,再加上有一半的人就地从事非农劳动,真正在从事农业的人就非常有限，人手不足是很多农户不再耕种的重要原因。

在调查开始前，调查设计者预想的将地租作为稳定的收入来源并不是多数人将土地流出的原因。因为每亩承包地的租金仅有 300～500 元，对仅有 3 亩以下土地甚至不到 1 亩土地的农户而言，流转土地获得的租金实在微不足道。即使土地的租金能够按时收回，凭这一点现金收入也无法使生活条件改善多少。

对于土地流入的农户来讲，绝大多数人认为土地撂荒很可惜，租金很便宜，而且增加土地面积后能够提高生产效率进而获得稳定的收益，真正以实现规模耕种和多种经营为目的的农户反而不是多数。从这一点上看，**样本村中农户对于如何提高农业生产率、走多种经营之道并没有很多想法，将承包地流转进来多数是出于朴素的农民对于土地的感情**。因为这一原因，前面讲到的土地流入呈现碎片化也就不难理解。因为农户并没有从实现规模经济、发展多种经营的角度出发，而仅仅是不愿看到耕地被撂荒，所以转入耕地的农户是根据自身能够承担的农业生产强度来转入土地（在访谈中还提及与转出户之间是亲戚或者好友，转入土地带有帮忙的性质），因而转入的土地面积大多比较有限。对于流入土地的原因，如果按农民的受教育程度来划分，小学及以上受教育程度的农民中希望能够实现多种经营和规模经营的比例要高些，但经过统计学分析，这种差异并不明显。也就是说，在这次调查中不同受教育程度的农民对于土地经营的思路并没有本质的不同。

表 5 - 3 - 8 农户发生土地流转行为的原因 单位，人，%

原因	人数	占比
土地流出农户		
无人耕种	134	83.2
土地收益低	138	85.7
希望获得较为稳定的收益	52	32.3
打算迁入城镇不再需要土地	8	5.0
有人来村里投资	4	2.5
其他	6	3.7
土地流入农户		
希望获得稳定的收益	19	54.3
希望实现规模耕种、多种经营	13	37.1
有足够劳动力可以增加收入	6	17.1
出去务工的人家土地撂荒很可惜，租金也便宜	30	85.7
其他	2	5.7

表 5 - 3 - 9 分教育程度的转入耕地的原因 单位：户，%

	文盲半文盲		小学及以上	
	户数	占比	户数	占比
希望获得较为稳定的收益	7	58.3	11	47.83
希望实现规模耕种、多种经营	4	33.3	10	43.48
有足够劳动力可以增加收入	2	16.6	4	17.39
出去务工的人家土地撂荒很可惜，租金也便宜	10	83.3	20	86.96

表 5 - 3 - 10 对不同受教育程度进行土地流转原因的统计检验

	平方和	df	均方	F	显著性
组间	0.001	1	0.001	0.004	0.950
组内	8.170	33	0.248		
总数	8.171	34			

在农村,虽然承包地的流转已经成为普遍现象,但宅基地的流转还比较少见,在被调查的 200 户中只有 7 户进行了流转。这些将宅基地转让出去的农户,都是基本已经脱离农业生产、有多块宅基地的中青年人,且家中没有老年人,家庭结构简单。他们将宅基地转出给他人是因为已经在城镇置办了产业,将来会前往城镇,与其让宅基地空留不如转让出去也能换得一些现金收入。但对大多数人来说,即使宅基地空置也毕竟是自己的财产,再加上宅基地转让的种种限制使得价格很低且不容易找到买家,所以他们宁愿仍将宅基地掌握在自己手中。在我们对村干部的访谈中,他们也提及了这个问题。村干部们认为,随着土地制度改革的不断深入,作为稀缺资源的土地的价值会继续上升,宅基地虽然受到种种限制,价格很低,但说不定未来限制会松懈下来,因而,宅基地将是具有升值空间的资产。这种思想在鸟围村表达得更加明显。

表 5-3-11　被调查农户愿意或不愿意流转宅基地的原因分类　单位:户,%

原　因	人数	占比
宅基地流转农户	7	100.0
部分家庭成员迁入城镇,自己家用不了那么多	5	71.4
希望获得较为稳定的现金收入	3	42.9
村里要求的	—	—
孩子要结婚成家	1	14.3
希望扩大生产经营	—	—
其他	1	14.3
不愿流转宅基地农户	192	100.0
总是要先满足自己的居住需求	115	59.9

（续表）

原　　因	人数	占比
国家有规定没法儿转给外边人,村里人都有了	78	40.6
价格很低,就不费事儿了	49	25.5
宅基地是自己的财产,不想转出去	60	31.3
其他	5	2.6

3. 土地的流转方式、标准及补偿实现

从调查结果来看,村委会及中介组织在土地流转中的作用非常有限,整个过程基本都由农户自行完成。

从待流转土地的供求信息来看,农户的"人脉"即关系紧密的社交圈是最主要的信息获得渠道,这包括亲戚、朋友、熟人以及这些人的紧密社交圈,其中来源于亲戚的比例占到 42.56%,来源于同村的朋友和熟人比例为 47.18%,而来自村委会及其他渠道的合计仅有 10.26%。这说明,农户在信息提供方面得到村委会及中介组织的帮助较少,土地流转可能存在着信息不畅的情况。这也表明,**建立有效的市场交易信息平台是鼓励农村土地流转的重要一步,信息不畅可能会造成潜在供给和潜在需求无法转化为有效供给和有效需求。**

这一结果与已有的研究相符合。一篇题为《鹿邑县当前土地流转中的效益分析》的文章中就指出到 2014 年鹿邑县的土地流转面积占耕地总面积的 10% 不到,其中一个原因就是当地的信息渠道不够通畅,"没有建立标准的土地流转中心,没有形成比较统一和规范的流转市场,再加上相关的中介部门比较稀少,导致了供方和需方不能及时地进行沟通,这就非常容易出现农户

有转让意向却找不到合适的受让方,或是需要土地的人又找不到需要出卖土地的人这样的情况"(位英,2014)。从调查结果来看,这种信息沟通的不通畅不仅仅在豫东地区存在,在粤东也有这样的情况。

表5-3-12 土地流转的供求信息来源情况 单位: 户,%

	户数	比例
亲戚	83	42.56
同村的朋友和熟人	92	47.18
村委会	11	5.64
其他	9	4.62
合计	195	100.00

在土地流转较发达的地区,典型模式包括土地股份合作社、土地信用合作社和土地转包和转租三类模式。在这三类模式运作时,规范化的流程是成功的重要条件之一。无论是农户之间、农户与村集体经济组织之间、农户与中介机构之间还是村集体经济组织与中介机构之间都需要以书面的形式签订固定期限的合同。程序的规范化是各方利益得以保障的重要原因。而利益得到充分保障又能使各方更加放心地参与到土地流转中来。

但从我们问卷调查和访谈的结果看,在这3个村子里,土地流转的方式基本上是租赁和转让的方式,价格由双方协商确定。对于多数农户来讲,因为涉及的土地数量比较少,都是私下签订书面或者口头协议,然后到村委会办理相关登记和备案手续,本次调查中仅有4户签订了书面协议,其他均为口头约定。合同的订立不需要征求村委或其他机构的同意,对于土地也没有作评估,订立过程也基本没有受到什么机构的监督。我们的问卷调查和访谈都显示,由于土地转出和转入的双方对于土地流转都抱有犹疑的态度,因而在订立合同时往往采取口头不定期的合同形式,而这种形式又加剧了双方的不信任。由此往复,形成恶性循环。正因为土地的流转不够规范,所以土地流转合同的稳定性往往较差,反悔、收回等事例时有发生。调查表明,仅有签订了书面协议的 4 户农户在协议书中约定租赁期延续到承包权到期,其余的均表示到时再商量。在访谈中,被访者提及因为土地转出方是亲戚、朋友或者同村的熟人,不想做得太没有人情味,但同时也担心承包地会被随时收回去。而对村委会干部的访谈也提及,因为土地流转不规范,当城市经济不景气有务工者返乡时,就会出现纠纷,也会出现土地出让方认为土地出让价格过低而反悔,或者土地受让方因经营失败造成租金无法支付,等等。

从土地流转补偿的结算来看,租赁按年交付租金是多数人的做法,这与其他地方并没有什么不同。被调查的 192 户农户中 100 户是按此操作,年租金在 100～3 000 元,其中年租金500 元以下的占到 60%,500～1 000 元的占 36%,1 000 元以上的占 4%。所有农户平均租金大约为每年 600 元。转让都是一次性现金给付的形式,补偿总额在 4 000～96 000 元,其中71.4% 的农户补偿金在 2 万元及以下,21.5% 的补偿金在2 万～5 万元,超过 5 万元的占比为 7.1%,总体而言的平均补偿金为 1.5 万元左右。

表 5－3－13　分地区土地流转的实现形式及价格标准　单位：户,元

	鸟围村	孙庄	前夏村
总户数	99	47	47
租赁	99	1	—
平均价格	596	400	—
转包	—	46	47
平均价格	—	15 920	14 417

如果分地区看,会发现鸟围村全部是以租赁形式实现流转,年租金最低的 100 元,最高的 3 000 元,最普遍的是每年 300～400元,其次是 500 元和 800 元,被调查农户的平均年租金为 596 元;而孙庄和前夏村几乎全部是以转包的形式实现流转。在孙庄 47份有效问卷中,有 46 份都回答说是对土地一次性补偿,补偿均价达到 15 920 元,有一份回答说是按年租金给付,每年的费用为 400元;前夏村中 47 份有效问卷则全部回答说按一次性补偿给付,平均给付标准为 14 417 元。

土地转包是农民集体经济组织内部农户之间的土地承包经营权的租赁。虽然与土地转让只有一字之差,但在权属关系上却有本质差异。与土地转让意味着转出方丧失土地承包经营权不同,转包人对土地的经营权不发生变化,但受转包人享用土地的使用权和收益权,并且需向转包方支付一定费用。土地转让必须获得土地发包方的许可并变更土地承包合同,但土地转包无须发包方许可,只需进行备案即可。从问卷调查的结果来看,样本村中的土地流转大多都是转让双方签订合同后到村委会备案,因而符合土地转包的特征。土地租赁实际上也是涉及土地承包经营权的租赁行为,但与转包不同的是这一行为发生在不同集体经济组织之间,是农户将土地承包经营权租赁给本集体经济组织以外的人的行为。与土地转包相同的是,这种行为也不涉及土地经营权的变更,承租人通过租赁合同取得土地承包经营权的承租权,并向出租的农户支付租金。农户出租土地无需经发包方许可,但也要求备案。

鸟围村和孙庄、前夏村的差异在于,前者以土地租赁为主,也就是说土地使用权的转移发生在与本集体经济组织以外的成员之间,后两者以土地转包为主,土地使用权的转移发生在本集体经济组织以内的成员之间。

4. 农户对土地、土地流转及相关政策的态度和评价

一项社会政策的存续除了制度设计的合理性之外,还需要得到多数人的支持,因而土地能否成为完善农村社会保障体系的依托还取决于农户对于这一问题的看法。本研究在问卷中询问了相关信息。

关于**土地价值和流转**,我们列出了一些观点,要求被调查者根据同意程度,对这几种观点进行打分。我们列出的观点体现了土地在农民心中的地位和价值。极端观点有二,一是将土地视为根本和保障,不到万不得已不放弃,另一是将土地看作是迁入城镇的拖累,因而希望能够尽快地将土地转给他人。调查结果发现,在多数农民心里土地仍占有很重要的地位,即使从目前来看仅靠土地无法维持生计,他们还是不会轻易放弃或者流转出去。但相对于宅基地而言,农户对于承包地的流转表现出更为开放的态度,多数人赞同"耕地只是一种生产资料,如果有从事其他职业的机会,会考虑放弃承包地,但不会放弃宅基地"的观点。从这里可以看出,虽然承包地和宅基地的所有权都属于村集体经济组织所有,农民

只有使用权,但在农民心里,它们的地位还是有所不同。承包地除非改变用途,否则只能用于收益相对较低的农业,而且按照现行《土地管理法》的规定,耕地征用补偿总量不得超过前 3 年平均产量的 30 倍;宅基地相对更具有私有财产的意味,如果被征收,其补偿可以分为在城市规划区内的房屋、按照市场价格获得货币补偿以及另外给予宅基地并补偿新建房屋的成本等。需要指出的是,在访谈中我们可以感受到农户对于土地的看法受到现行法律的较大影响。随着农村综合改革的不断深入,国家对于盘活农村土地资产有了越来越大的支持力度,2015 年由中共中央办公厅和国务院联合发布的《关于农村土地征收、集体经营性建设用地入市、宅基地制度改革试点工作的意见》意味着农村土地改革进入实质性阶段,这些都会在一定程度上影响到农民对于土地价值的判断。

表 5 - 3 - 14　被调查农户对于土地价值的认识　单位: 户,%

	平均分值	各分值频数		比例	
土地是根本和保障,不到万不得已不愿失去	4.0	5 分	58	5 分	29.0
		4 分	93	4 分	46.5
		3 分	41	3 分	20.5
		2 分	5	2 分	2.5
		1 分	2	1 分	1.0
		0 分	2	0 分	1.0
虽然仅靠现有土地很难维持家庭生计,但仍算是一种保障,会慎重对待承包地流转的问题	3.9	5 分	51	5 分	25.6
		4 分	105	4 分	52.5
		3 分	37	3 分	18.5
		2 分	4	2 分	2.0
		1 分	—	1 分	—
		0 分	2	0 分	1.0

（续表）

	平均分值	各分值频数		比例	
土地只是一种生产资料，如果有从事其他职业的机会，会考虑转让承包地，但宅基地不会轻易放弃	4.4	5分	113	5分	56.5
		4分	65	4分	32.5
		3分	13	3分	6.5
		2分	3	2分	1.5
		1分	2	1分	0.5
		0分	3	0分	1.5
今后会迁入城镇，所以非常赞成承包地和宅基地都能够流转	2.6	5分	5	5分	2.5
		4分	23	4分	11.5
		3分	65	3分	32.5
		2分	92	2分	46.0
		1分	12	1分	6.0
		0分	2	0分	1.0

　　从调查中我们也可以感受到，在农村土地越来越多地被当作资产来看待，而不是简单的生产资料。粤东农村这种看法更为普遍。而这也是为什么很多农户在家庭主要劳动力都迁入城镇务工后，还是宁肯撂荒或闲置也不将土地转让出去。在访谈的过程中，有农户表示，无论是耕地还是宅基地，虽然现在看来没有很高的收益，但在未来会成为家庭资产中最有价值的部分。他们相信随着城镇化的快速推进和国家土地制度改革的深入，在不远的将来这一天会到来。而且，无论是耕地还是宅基地，本身也不会影响农户从事非农业的职业。所以，就算是不进行流转，只是撂荒或者闲置，从长期来看也是划算的。

表 5 - 3 - 15　被调查农户对于土地流转可能存在问题的看法　单位：户，%

	赞成的人数	比例
土地价值评估没有标准，可能导致双方利益受损	162	81.0
土地流转程序的规范性有待提高	131	65.5
土地流转收益较低，因流转契约关系不稳定，所以流转收益的稳定性也受到影响	134	67.3
土地流转后农户的就业会受到影响	2	1.0

　　关于土地流转可能存在的问题，我们列出了四种观点：一是现行的土地评估缺乏统一标准，因而可能导致双方利益受损；二是土地流转程序的规范性有待提高；三是土地流转收益较低、流转契约关系不稳定，所以流转收益的稳定性也会受到影响；四是土地流转以后农户的就业会受到影响。在这方面，农户们有自己的判断。超过 80% 的被调查者认为，土地价值没有评估标准让土地流转的双方利益都有受损的风险，65.5% 的人认为流转程序的规范性有待提高。这与之前关于土地流转方式的调查结果相互印证。在样本村中，土地流转的确以民间个人的私下行为为主，仍延续了传统的口头协定的方式。这种方式本身就说明土地流转的规范性较差。而较低的地租也说明土地价值并没有经过评估。

　　样本村土地流转收益有限，是土地流转无法蓬勃兴起的重要原因。被调查者也看到了这一问题。有 67% 的人认为在当前的土地制度下，流转的收益没有合理的标准，合同的不稳定让流转收益的稳定性也受到影响。这种情况与土地流转的典型地区形成对比。农民拥有的资源有两个，一是劳动力，二是土地。在我国的工业化推进过程中，农民通过进城务工分享了工业化的成果，劳动力是其获得分享的工具。可是农民拥有的另一个资源——土地却还没有能够成为他们获得成果分享的工具。很长一段时间以来,我们看到的、听到的是农民集体所有的土地被以很低的价格征收,而征收之后的土地增值收益与他们无关。当土地在农民手中时,土地仅作为生产资料存在,收益有限,当土地实现了增值获得级差收益时,土地又已经不在农民手中。而广东省佛山市南海地区在20世纪90年代开始的实践,正是探索了一条让土地在农民手中成为资本并实现级差收益的道路。因为这条道路改变了农民的生产方式,给农民带来了高额收益,因而在较短时间内推动了土地流转的热潮。后来的土地股权合作社、信用合作社或者其他模式的成功,也都是因为它们给农村、给农业带来的变化,给农民带来了实实在在的好处。而在本次调查的三个村里,土地流转并没有改变什么,无论是生产方式还是生活水平。因而,农户对土地流转并不积极也就可以理解了。

几乎所有的被调查农户对于承包地流转后的就业问题都不担心。正如我们在介绍样本村基本情况时所说,无论是在中原经济欠发达地区,还是在沿海经济发达地区,农村家庭的收入支柱大多已经不是农业生产,几乎每一个被调查家庭中都有外出务工人员,即使没有外出,在本地实现非农就业也能获得比农业收入更高的现金收入。当工资性收入占家庭收入的比例超过70%,甚至接近90%的时候,土地流转出去并不会带来明显的收入损失。再加上劳动力的流出,不少留居农村的家庭中劳动力人手比较紧张,而这也是这些家庭要将土地转出的原因。对于土地流入的农户而言,由于土地的流入是有成本的,他们并不是盲目租赁或者转包他人土地,而是能够确保有足够的劳动力和其他生产资料投入,以使土地发挥最大效益。这也表明目前的承包地流转的确起到了调整生产要素配置的作用,转出承包地的农户的确不再需要承包地,而转入承包地的农户也的确能够让其发挥效用。

关于农户对国家、集体和个人在土地流转过程中的作用和利益分配的态度,本课题也同样以打分的形式进行了调查。我们列出了四种观点:一是目前土地价值被压低,没有遵循市场规律,未来即使农村土地获得了与国家土地同样的权利,农民在谈判中仍会处于劣势,因而需要有组织和机构作为代理人;二是农村土地是集体所有制,但目前在使用和收益过程中,并不能很好的体现这一点;三是集体经营用地的使用应该由全体村民说了算,收益也该归大家所有,村委会的权力边界应该清晰,各项机制应该更加透明;四是土地流转还是需要国家来主导,否则有可能出现新时期的地主和贫农,在这方面行政力量是必须的。我们希望通过这一问题的回答结果来了解农民愿意采取怎样的形式来进行土地流转,以及他们对当前流转模式下国家、集体的作用的认可程度。

结果显示,多数农户认为由于农村集体经营性建设用地还没有与国有土地具有同等的权利,因而存在当前农村土地价值被压低的问题,而且即使村集体可以坐上谈判桌,农民群体的自身缺陷可能会造成其在谈判中处于劣势,从这个角度上讲,需要有机构或组织作为农民群体的代理人。

表 5-3-16　对土地流转过程中国家、集体和
个人之间关系的态度　单位: 户,%

	平均分值	各分值频数		比例	
目前土地价值被压低,没有遵循市场规律,未来即使农村土地获得了与国家土地同样的权利,农民在谈判中仍会处于劣势,因而需要有组织和机构作为代理人	4.7	5分	157	5分	78.9
		4分	39	4分	19.6
		3分	3	3分	1.5
		2分	0	2分	0.0
		1分	0	1分	0.0
		0分	0	0分	0.0
农村土地是集体所有制,但目前在使用和收益过程中,并不能很好的体现这一点	4.7	5分	154	5分	77.4
		4分	39	4分	19.6
		3分	4	3分	2.0
		2分	0	2分	0.0
		1分	0	1分	0.0
		0分	0	0分	0.0
集体经营用地的使用应该由全体村民说了算,收益也该大家所有,村委会的权力边界应该清晰,各项机制应该更加透明	4.8	5分	170	5分	85.4
		4分	19	4分	9.5
		3分	7	3分	3.5
		2分	1	2分	0.5
		1分	2	1分	1.0
		0分	0	0分	0.0
土地流转还是需要国家来主导,否则有可能出现新时期的地主和贫农,在这方面行政力量是必须的	2.0	5分	8	5分	4.0
		4分	17	4分	8.5
		3分	27	3分	13.6
		2分	73	2分	36.7
		1分	72	1分	36.2
		0分	2	0分	1.0

农户认同土地所有制形式,但多数被调查农户认为目前的政策和收益分配至少在执行过程中并没有很好体现出集体所有的特点,往往是村委会作为代理人决定关于土地流转的重大事项和收

益的分配,而且无论是土地流转决定机制还是收益分配机制的透明性都有待提高。农民对这一观点的回应与现实当中的情况相对应。在问卷调查中我们询问了关于集体建设用地的流转和使用。前夏村的被调查农户都肯定村里拥有一定面积的集体建设用地,而且这些土地由村委会与经营方签订了租赁合同,集体用地被用于企业经营,并获得租金。村委会每年都会公布收入情况,但多年来,这些收益从未在村民中进行分配。前夏村村民能够继续有耐心地等待下去,是因为村委会对于这些收入和账面分配进行公示。也就是说,虽然这些收入从来没有变现,但至少账目上是清楚的。而鸟围村的集体经营性用地的收入也会向村民公布,只是支出却存在模糊不清的问题,村委会解释说有限的收益已经被用于村公共设施的建设,因而没有结余向村民分配。可见,虽然土地是集体所有,但决定权往往还是集中在村委会手中,由于农村基层组织的制度不够完善,财务和政务的公开、透明程度有待提高,村民可能对村集体经济组织的信任度下降。

对于由国家来主导土地流转的做法并没有得到很多的支持,3/4 的被调查者认为只要集体土地能够与国家土地同权同价,其他的可以按市场化方式来操作。

(三) 社会保险的参保情况及农户对依托土地改善社会保障的态度分析

为了了解农户对现有农村保障制度的态度,我们以农村社会保险这一全面推行时间相对较短的制度为例,对农户的参保情况、满意程度、心理预期等内容进行了调查。

1. 农村社会保险的参保情况

在对样本农户基本情况进行介绍的时候已经提及,不是每一位符合参保条件的农村居民都拥有农村养老保险。根据农村社会养老保险的参保要求,每一位年满16周岁(不含在校生)的农村户籍、没有参加城镇企业职工基本养老或者城镇居民养老保险的农村居民都可自愿参加农村养老保险。虽然有这样那样的问题,但在各级政府的大力推动下,这一制度得到较为普遍的接受。但从调查的数据来看,这一制度并没有预想中的那样受欢迎。

表5-3-17的数据显示,按照新农保的参保范围,被调查农户中应有611人具有参保资格,而实际上只有287人参保,总体参保率为47.0%。其中,鸟围村应保341人,实保62人,参保率仅为18.2%;孙庄应保137人,实保123人,参保率89.8%;前夏村应保133人,实保102人,参保率76.7%。这一数字大大低于我们的预期。没有参保的原因主要有两点:(1)认为保障水平太低,不想参加,(2)其他原因,例如按照村里规定不能参加。

表5-3-17　被调查农户农村社会养老保险的参保情况　单位: 户,%

	户数	应保人数	参保人数	参保率
鸟围村	100	341	62	18.2
孙庄	50	137	123	89.8
前夏村	50	133	102	76.7
合计	200	611	287	47.0

而对于参加了养老保险的农户来说,村里要求和有总比没有好的心态是最主要的参保原因,另外,村委会执行政策时实行家庭成员捆绑或者制度捆绑的做法,也迫使相当多的农户只能不情愿

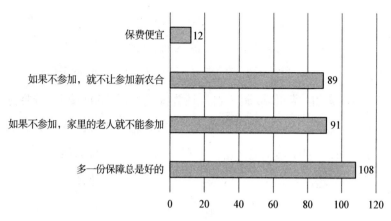

图 5-3-2　农户参加农村社会养老保险的原因　单位：户，%

地参保。在 80% 以上的参保者中都存在这样的强迫执行。在调查时我们可以感受到，虽然不少农户参加了农村社会养老保险，但过低的保障水平让他们觉得还不如自己存钱更方便与省心。

对保费水平的评价与对保障水平的评价结果与参保或不参保的原因相吻合。在参保的 110 位农民中仅 9 位（8.4%）认为保费较高有负担，有 16 位（15.0%）甚至表示应该上调保费，其余的 82 位（76.6%）则表示保费水平适中。由此可见，对于农村社会养老保险的个人缴费，多数人并无意见，而且完全可以接受。对保障水平的评价中，认为太低完全没有用的有 16 位（15.3%），认为偏低但也能补偿一些开支的有 88 位（84.6%），认为可以补偿老人的基本开销的完全没有。也就是说对于这样的社会保险能起多大作用，农户心中是有疑虑的，当然，从保费的水平来看，目前的养老保险待遇还是划算的，毕竟有国家各级政府的补贴，但真要以此作为农民年老失去劳动力后的生活来源，显然是不够的。而且，在保值增值机制不完善的情况下，养老保险基金贬值风险较大。

多数农户表示自己能承担的最大保费额度在 500 元以下,其中 200～500 元是农户选择最多的区间,选择 800 元以上的农户占比约为 10%,超过 1 000 元的仅有不到 5% 的人。而对于最低生活保障所需要的费用,被调查农户认为最少也要 150 元/月,选择这一标准的人占总的有效回答的 18.5%,有超过半数的人认为每月 300～500 元的开支是必须的,还有不到 4% 的人认为每月的必要开支必须超过 800 元。总的来看所有有效回答的平均负担上限约为 400 元/年,而需要的最低生活支出为 360 元/月。如果按照该平均负担上限及各地区的政府补贴标准计算,不考虑延长缴费期带来的额外补贴,则孙庄和前夏村 60 岁以上的参保人员大约能拿到 105 元,鸟围村 60 岁及以上的参保人员大约能拿到 150 元。反过来,如果按照最低生活支出及现有政府补贴标准计算,则孙庄和前夏村的个人缴费要达到 2 780 元,而鸟围村要达到 2 317 元。显然理想和现实之间有着很大的差距。

2. 农户对依托土地改善社会保障的态度

农户对于土地与改善社会保障之间关系的看法会影响到今后政策执行的走势。所以在本次调查中也对这一问题进行了调查。在问卷中,我们列出了五种观点:一是应当让土地流转成为农民的长期保障来源;二是只要年老时能够拿到维持生活的保险金,有没有土地都无所谓;三是随着城镇化的发展,农民的土地会越来越少,而社会保障水平较低,还是子女赡养更靠谱;四是通过租赁或者入股的方式获得现金收入,然后用这些收入缴纳更高保障水平的社会保险费,这种做法很好;五是我不愿意通过土地征用或者土地转让的方式换取社会保险。调查希望通过被调查者的回答了解农户对土地和农村社会保障两者关系紧密程度的认同度。

调查结果表明,虽然农村社会保障制度在近两年有了较快的完善,但土地在农民心中的保障功能仍没有减弱,只是土地的保障功能不是通过农业产出来实现,而是希望能够通过流转获得土地的长期收益。出于对失去土地的担心,很多农民觉得子女仍是年老之后的重要保障来源,而且农民们并不认为土地换保障是一个好的方式。85％的被调查农户认同或者倾向于认同土地流转应当成为农民长期的社会保障来源,即使已经有很多人从事着非农职业,甚至已经在考虑迁移至城镇,但对于"只要年老时能够拿到维持生活的保险金,有没有土地无所谓"的观点仍持不赞同态度,64.0％的被调查农户对这一观点打出了0~2分的低分,而持赞同态度的人仅有20％。可见,农民希望通过土地流转获得长期受益,不会为了维持基本生活的养老金随便放弃土地。可能因为现实社会中农村社会养老保险制度令人失望,85.9％被调查农民对社会保险怀有质疑,反倒认为子女是年老之后最可靠的收入来源。多数被调查农户对通过租赁和入股的方式实现土地流转,然后用获得的现金参保较高保障水平的做法给出了正向的回应,有73.5％的人认同或者倾向于认同这一做法,仅有14.5％的被调查农户表示可以接受通过土地征用或者转让的方式换取社会养老保险。这说明,目前在很多地方提出并实施的"以土地换保障"政策并不受农民欢迎,虽然看上去他们获得了社会养老保险,但实际上这仍是土地所赋予他们的,在长期性和有效性上可能还逊于传统保障。通过土地流转获得收益,然后投入农村社会保障,农民仍能够自主决定是否保有土地,这才是受到农民欢迎的做法。

表5-3-18　对依托土地改善社会保障制度的态度　单位：户，%

	平均分值	各分值频数		比例	
应当让土地流转成为农民的长期保障来源	4.2	5分	87	5分	43.5
		4分	78	4分	39.6
		3分	17	3分	8.6
		2分	13	2分	6.6
		1分	2	1分	1.0
		0分	0	0分	0.0
只要年老时能够拿到维持生活的保险金，有没有土地都无所谓	2.3	5分	15	5分	7.5
		4分	26	4分	13.2
		3分	30	3分	15.2
		2分	67	2分	34.0
		1分	59	1分	29.9
		0分	0	0分	0.0
随着城镇化的发展，农民的土地会越来越少，而社会保障水平较低，还是子女赡养更靠谱	4.7	5分	150	5分	76.1
		4分	39	4分	19.8
		3分	4	3分	2.0
		2分	4	2分	2.0
		1分	0	1分	0.0
		0分	0	0分	0.0
通过租赁或者入股的方式获得现金收入，然后用这些收入缴纳更高保障水平的社会保险费，这种做法很好	3.7	5分	36	5分	18.0
		4分	111	4分	55.5
		3分	26	3分	13.0
		2分	18	2分	9.0
		1分	6	1分	3.0
		0分	3	0分	1.5
我不愿意通过土地征用或者土地转让的方式换取社会保险	3.9	5分	72	5分	36.0
		4分	76	4分	38.0
		3分	23	3分	11.5
		2分	22	2分	11.0
		1分	4	1分	2.0
		0分	3	0分	1.5

第六章 构建以土地为基础的农村
社会保障体系的过程分析

从前文的论述中我们可以看到,随着我国社会经济的发展和工业化、城镇化的深入推进,农村土地对于农民的意义已经发生了变化,除了一些传统的经济欠发达的农村地区,在我国的多数农村地区土地已经不仅仅是作为生产资料而存在,升值空间的拓展使得其作为的资产的价值日益凸显,这一点在沿海经济发达地区表现得更为明显。农民希望土地不仅能够产出农产品,更加希望土地能够直接使他们获得货币收入。自 20 世纪 90 年代以来的实践探索,让不少地区的土地流转蓬勃发展起来,也使参与其中的农民和村集体经济组织获得了高额回报,农村土地价值被农民和村集体经济组织重新认识。土地不仅给予了农民和农村集体经济组织发展的资金支持,而且成为他们发展的心理保障(钟涨宝、狄金华,2008)。在这种情况下,曾经在不少地区出现的以土地换保障的制度并不能获得多数农民的拥护,他们并不愿意用实实在在的土地交换保障水平较低的城镇居民基本保障。我们在三个村庄的调查结果显示,农村居民认为土地还是农村社会保障的重要保障,如果能够解决现有土地制度中存在的弊端,他们希望让土地的资产价值得到充分体现,并将此与农村社会保障体系联系起来。这说明,依托土地完善农村社会保障体系不仅有着理论和政策上的可行性,在广大农村居民中也能获得欢迎和支持。

第一节　土地权利与社会保障权利的转换实现

　　土地的权属问题是土地制度的核心,按照现有土地制度,农民对土地享有一定期限内的承包经营权、使用权、收益权、所有权等。在农村社会保障体系构建过程中,农村社会保障作为准公共产品由政府来提供是确定无疑的,而农民作为公民的一分子,无疑也具有与城镇居民一样的享有社会保障的权利。说到底,所谓依托土地完善农村社会保障体系就是实现农民土地权利与社会保障权利的转换。

一、土地权利、社会保障权利及集体成员身份

　　根据我国《宪法》《土地管理法》《物权法》等法律的相关规定:"农村和城市郊区的土地,除由法律规定属于国家所有的以外,属于集体所有;宅基地和自留地、自留山,也属于集体所有。"农民集体对农地有权占有、使用、处分和收益。集体土地所有权属于总同共有的民事权利,因而集体成员无权分割集体土地。农民虽然不能实际行使农地所有权,但可以通过行使选举权、表决权、分配权和起诉权等权利来间接行使其对农地的所有权。除此以外,法律还规定农民个人拥有土地承包经营权,并以此权利取得对集体所有土地的占有、使用和收益。由此可见,农民的土地权利是在共有的集体所有权和个人物权两个层面上实现的。由于这种权利是凭

借其农村集体经济组织成员身份而取得的,虽然土地权利本质上是一种财产权,更多地表现为经济利益,但实际上也与身份权有关。

与土地权利相比,农村社会保障权更具有身份权的特征。社会保障权也称为福利权,是公民要求国家通过立法来承担和增进全体公民的基本社会水平的权利,它属于人权的范畴,所有公民应当平等享有。虽然从理论上讲,全体公民社会保障权的义务主体是国家,但基于经济、社会发展阶段和发展水平,国家采取了各种形式来使得该义务得以分担。因而,社会保障权的义务主体具有多元化的特征,其中国家承担宪法义务,其他义务主体承担普通法义务。国家是社会保障权的第一义务主体,对公民社会保障权的实现具有终极义务和责任,但经济组织和单位也因雇佣关系对其雇员负有义务。从这一角度上说,村集体经济组织对其成员负有义务。鉴于我国特殊的城乡二元的发展结构,在很长一段时间里,村集体经济组织拥有所有的生产资料,同时获得所有的经济产出,因而它对于集体成员所负有的责任就更大。实际上,在我国农村社会保险的制度规定里,向来都是个人缴费、集体补助和政府补贴三方共筹保险基金。但由于近年来集体经济不振,才使得国家财政成为农村社会保险的筹资主力。也就是说,村集体对农村社会保障权的实现实际上应当负有更大的责任。

无论是行使土地权利,还是获得农村社会保障权,农民都是凭借其集体成员的身份实现的,因而这两项权利都是由农民的特定身份衍生出来的。换句话说,土地权利和农村社会保障权都以农民的集体经济组织成员身份为基础。由于这一身份涉及农村居民的生存和经济利益,往往成为很多纠纷的关键。为了解决越来越多在征地补偿分配、土地承包等问题上存在的纠纷,《农村土地承包法》中首次出现了"集体经济组织成员"一词,最高人民法院还在2005年《最高人民法院关于审理涉及农村土地承包纠纷案件适用法律问题的解释》(法释〔2005〕6号)中进行了诠释。

也就是说,只要农民没有脱离集体经济组织,还是这一组织的成员,他就凭借其组织成员的身份享有土地权利和农村社会保障权利。土地权利既包含着作为集体成员共同享有农村土地的所有权,也包含着作为个人享有的土地经营权、使用权和收益权等;而农民农村社会保障权利的实现是以政府为代表的国家和以村委会或其他单位为代表的村集体经济组织来作为义务主体的。

二、两种权利的转换

由于农民的土地权利和农村社会保障权利都是以其农村集体经济组织的身份为基础的,这两种权利的转换就必须以对农民村集体经济组织成员身份的确定作为前提。

根据现行法律规定,确定农村集体经济组织成员资格需同时符合若干条件,包括:第一,具有户籍登记或者曾有过户籍关系;第二,生存和生活在该组织;第三,对该组织享有权利,负有义务。可以看到,虽然户籍登记是集体成员身份确定的必要条件,但却不是充分条件。据此,集体经济组织成员可以分为两类:一类是拥有土地共有权、保留型土地使用权、承包经营权、集体资产管理与处置的参与权、集体收益分配权等完整权利,承担完全义务的普通成员。对于出生并常住在本集体经济组织内、从事农业生产的农村居民都应属于普通成员。另一类是拥有以上完整权利的一项以上并承担相应义务的公民。这一类成员包括：原有普通成员但因不同原因依法丧失或自愿放弃完整权利中的一项及以上的；与该农村集体经济组织成员形成非初次嫁娶关系的；通过集体经济组织捐交公积公益金的形式加入的；与该集体经济组织或成员形成产权转让关系的。农村集体经济组织成员的资格确定后，其所能够享有的权利和负有的义务都随之明确，进而才可能实现农民土地权利和社会保障权利之间的转换。

在身份权的问题解决之后，需要构建两种权利的转换机制，亦即解决由土地权利获得的收益如何分配到具有社会保障权利的组织成员手里的问题。在这方面，恢复农村集体经济组织的本来面貌是自然而然的选择。

农村集体经济组织，产生于20世纪50年代初开始的农业合作化运动，农民自愿以其私有的包括土地、大型农具和耕畜在内的生产资料入股形成集体组织。尽管当时的分配原则是按劳分配，但由于在集体组织形成过程中，有将包括土地在内的生产资料有偿折价入股的行为，可以说其产生带有股份制的影子。我们知道，由于种种原因，最终按劳分配的人民公社解体了，但生产队一级的集体经济组织却延续了下来。实际上，以个人资产入股成立集体经济组织进行规模化生产本身是一种先进的生产方式，问题在于这种生产方式与当时所处的社会和经济发展阶段不相适应。到了今天，已经有了适合这种方式生存的土壤。特别是在2015年1月中共中央办公厅和国务院办公厅联合印发《关于农村土地征收、集体经营性建设用地入市、宅基地制度改革试点工作的意见》后，曾经存在的、农村集体经营性土地入市的政策性障碍开始消失,这意味着农村集体经济组织股份制运行的宏观环境逐渐成熟。

实行土地股份制运作,最成功的范例来自广东省佛山市的南海区。那里自1992年前后就开始了实验。他们用股权交换村民手中的土地,将土地的所有权和经营权统一,对集体土地进行统一规划,并以集体土地启动工业化,让大量企业在那里落地生根。他们的土地股份制运作将土地非农化的级差收益都保留在集体内部,农民由土地承包权转化来的股份分红权而获得持久收益,集体的经济实力得到增强,而政府也因税收增加而获益(蒋省三、刘守英、李青,2010)。

但南海区的做法需要农民无一例外地交出土地承包经营权,否则将无法获得股权,这就或多或少地具有强制意味,是"以土地换保障"的另一种做法。这不仅与我国政府一再强调稳定土地承包经营权、保持土地两权分离的态度相左,对部分农民而言也是不能接受的。如何在土地两权分离的基础上进行农村集体经济组织的股权分配呢?我们认为根据组织成员资格分类来确定不同类别的股权,并对应不同的保障权利。需要指出的是,集体虽然是农民个体成员的集合,但它本身也是一种独立的存在,因而在进行股份制运行时,必须留出集体的份额,剩余部分才在成员中间分配。

这样,就会产生三种股权,一是集体作为农村土地的所有人以其土地所有权入股,享有不得分割的集体股权;二是普通成员凭其身份相应获得普通股权;三是普通成员及特殊成员以土地经营权或者其他资产入股取得特殊股权。集体股权和成员股权之间是块状构成,而不同成员股权之间是层状构成。集体股权的收益不能分配,只能在集体经济组织内部积累,为经济组织的基础设施改造、社会保障等公共品购买及集体经济发展提供资金保障,集体股权还需为因出生、婚嫁等加入的新成员提供份额。普通成员股权不能继承、买卖、赠送和抵押,其获得通过成员资格确立达到,因而当成员资格因故取消时,其享有的股权也就自动消失,消失股权名下的收益保留在集体股权中,以便分配给新的成员。特殊股权则可以通过土地承包经营权或其他资本的注入获得,由于具有实质的资产投入,因而这部分权利可以继承,也可以转让。普通股权和特殊股权的持有者可以获得股息和分红,以提高经济收入水平,增加自身的保障能力。对于同时拥有普通股权和特殊股权的组织成员,其收益可累计计算。农民是否用土地承包经营权入股完全由其自己决定。入股或者不入股的差别就在于其得到的以现金形式实现的股息和分红的多少,而诸如社会保障等公共品或公共服务的享有将不受影响。由于这里的股权是身份权的延伸,同时具有财产性和公共福利性,因而有别于公司法中对于股权的定义。

股份制的实行将让农村集体经济组织实体化,既可以达到国家保证耕地不减少的要求,又可以通过土地的规模利用优化农业结构,构建新型农业经营体系,发展多种形式的规模经济。同时也响应了国家提高农民组织化程度的号召。股份制改革后,村集体经济组织成为真正的利益共同体,内部凝聚性加强。集体经营土地的收益在完成国家税收、上缴各种费用、弥补上年亏损后,提留一定比例作为集体股权的分红和福利金。集体股权分红的作用是支付村集体的管理成本;福利金则是为全体成员购买公共品以提高成员福利,社会保障是其中最主要的部分。由此,土地权利收益的一部分按股权转换成为成员的社会保障权。

第二节　土地收益向社会保障资金
转换的渠道及实现

本书的第二章总结了我国农村社会保障体系的发展特点和所面临的问题。在那一部分,我们用大量数据阐述了城乡居民在社会保障制度覆盖率、筹资水平及保障水平上的巨大差距,逐项论述了农村居民在社会保险、社会救助及社会福利等多个方面的缺失,并以各地的实例归纳了政策碎片化严重的问题。之后,我们从国家、个人、集体以及政策设计的不同角度分析了问题产生的根源。我们认为,造成我国农村社会保障体系发展水平低、体系不健全和政策碎片化严重的原因,除了法律制度缺位以外,政府投入不足、集体经济实力较弱和个人收入水平较低是关键。换句话说,我国完善农村社会保障体系的关键在某种程度上就是实现稳定、充裕的资金筹集,在农村社会保障体系的完善过程中,钱是最大的问题,这一问题解决了,则其他问题的解决也会比较顺畅。

一、国家层面

社会保障权的义务主体具有多元化特征,国家显然负有宪法义务,亦即是负有该权利实现的终极义务和责任。在中华人民共和国成立以后相当长的时间里,为了尽快从战争中恢复并快速发展起来,我国政府实行了"赶超战略"。虽然这一战略的确在很短时间内重建了经济秩序,使我国进入工业化发展阶段,但这一战略却是以损害农业、农村和农民的利益为代价的。在很长一段历史时期内,将一切优质资源向工业倾斜,通过户籍管理制度和与之紧密相连的经济和福利制度保障城市居民的生活,却让农村居民以互助的形式自行提供福利保障。"赶超战略"的直接后果是形成了严重扭曲的经济发展格局,城乡壁垒坚固难破。改革开放以后,随着国家经济状况的好转,对于农业、农村和农民的关注日益增多。城乡一体化发展被作为新的发展目标。在这一过程中,建立和完善农村社会保障体系被作为重要抓手。

近年来政府对于农村社会保障的投入力度在逐年加大,但与对城镇的投入相比,还有一定差距。农村社会保障体系的建立本身就晚于城镇,再加上政府投入的不均等,结果造成如今城乡社会保障水平的巨大差异。这不仅有碍社会公平,也不利于城乡一体化的建设推进。国家对于农村社会保障资金的支持除了可以从财政拨款、财政转移支付、税收优惠、国有资产利益分享等常规渠道实现,还可以通过与农民共同享有土地升值实现。

一方面,国家通过加强农地的物权保护、确保农民土地承包经营权的长期有效,从制度上保证农民能够共同享有土地升值的利益。虽然我们认为集体经济组织成员的身份本身就可以保证农民获得部分的集体土地收益分配权,但土地承包经营权能够给所有者带来更多的经济利益,这是他们在家庭收入较低的情况下能够获得特殊股权的保证。自 2008 年以来中央连续多年将抓紧抓实土地承包经营权确权登记工作作为重要内容写入一号文件。习近平总书记也多次在中央农村工作会议上强调这一工作的重要性。根据农业部 2015 年 2 月 27 日新闻发布中所公布的数据,2009年—2014 年,全国共 1988 个县开展了农村土地承包经营权确权登记颁证工作,涉及 1.3 万个乡镇、19.5 万个村、3.3 亿亩耕地,2015 年时又新增了江苏、江西、湖北、湖南、甘肃、宁夏、吉林、贵州与河南等 9 个整省试点。这不仅为有效推进土地经营权流转打下了基础,也对促进全国范围内的生产要素合理流动、减少农业转移劳动力的后顾之忧产生积极影响。从本次调查来看,这项工作还有待于进一步的落实。国家的这一做法将间接保证农村社会保障资金的落实。

另一方面,国家可以通过让渡征收农村集体土地带来的增值收益作为对农村社会保障体系的资金。根据我国宪法的规定,土地归国家和农村集体经济组织所有,国家具有为了公共利益的需要向农村集体经济组织征收土地的权利,这种所有权的让渡表现为单向关系。在前面的理论分析部分,我们已经用地租理论论证了国家、集体和个人都具有从土地收益中获益的权利。这可以看作是地租在三者之间的分配。当前的现实是,政府利用公权侵占了部分本应属于农民的利益,因而,在未来的土地制度改革中要对此作出纠正。一方面明确规定政府可以行使征地权利的范围,另一方面允许让被征收的土地以入股方式参与非农化土地的开发,从而获得长期收益的权利。前者能够减少公权对私权的侵害,而后者则能够变一次性补偿为长期权利分享。

表6-2-1　被调查农户土地承包经营权凭证的颁发情况　单位：户，%

	频数	百分比	有效百分比
获得土地承包经营权证书	101	50.5	57.1
没有土地承包经营权证书	76	38.0	42.9
缺失值	23	11.5	—
合计	200	100.0	100.0

具体来说，除了涉及国防、安全等方面的公共设施，其余的类似工业园区、高速公路等项目，都允许农村集体经济组织以其被征收的全部土地或者土地的折价入股，成为共同股东。然后根据村集体所占股权，由政府以专项补贴的方式向村集体划拨收益。如果这样的做法需要突破的法律规定过多，也可以由国家向村集体经济组织注入福利金，并以此取得特殊股权，进而获得股息和红利。该部分股息和红利可作为村集体购买成员社会保障公共品资金的一部分。而国家向村集体注入的福利金可以来源于对该村集体土地征收获得的收益。

二、集体层面

在农业合作社时期，农村集体经济组织是所有生产资料的所有者，也是所有经济产出的所有者，它根据集体成员的劳动给予收入分配。这种经济所有制和收入分配机制使它成为集体成员社会保障权利实现的义务主体。改革开放以后，随着家庭联产承包责任制的出现，集体经济瓦解了，但其对成员的社会保障权利仍承担责任。无论是新型农村合作医疗还是新型农村社会养老保险的筹资主体中都将其排在第二位，在制度设计上具有比国家更大的义务和责任,虽然实际上村集体的补贴基本为零。

当然,在实际操作中也有正面的例子,无论是佛山南海区还是江苏江阴,凡是农村集体经济组织运转良好的地方,集体都能够实现对成员社会保障公共品的供给责任。也就是说,如果经济积累足够雄厚,村集体经济组织完全可以履行其对成员的保障义务。

相对于在短时间内让所有农村实现工业化,通过土地收益充实集体经济积累是更具有可行性的办法,而建立股份制农村集体经济组织是其具体的实现方式。

首先,集体经济组织可以对集体所有的土地资源进行开发利用。对耕地,通过引进农业龙头企业,发展规模种植、农副产品加工、农产品配送等多种经营,提升农产品附加值,进而提高农业生产效率,实现农业收入增长。在集体农业生产过程中发生的成本,以及将产品出售后获得的经济收益成为股份制集体经济组织成本和收益的一部分。

其次,对于集体经营性建设用地,可以借中央和国务院关于土地制度改革的东风,与国有土地一道进入市场,积极参与土地交易,通过土地流转平台实现这些土地的价值增长。在这一过程中,集体经济组织可以通过全体成员的选举产生成员代表,并由他们作为代理人参与市场谈判,也可以选拔聘任诚实可信的职业代理人,由他们参与市场谈判。鉴于在股份制的组织下,村集体经济组织已经不再是松散的农户的集合,而成为具有强大内在凝聚力的利益共同体,他们将在参与市场行为的过程中实现利益的最大化。

第三,对于国家征收的土地,可以有两种收益的实现办法。一方面,鉴于国家已经开始深化土地征收制度改革,力求将公权的伤害降低到最小;关于土地管理法的修正案也可能会将国家对征用集体用地的补偿标准上限取消。这些都表明,在今后的征地过程中,农村集体经济组织将不再处于完全没有发言权的境地,而是可以作为与国家平等的主体进行补偿价格的谈判,进而获得相对合理的土地补偿价格。另一方面,在国家愿意让渡部分征地收益的情况下,以集体土地入股的方式直接参与城市化进程,并随着土地升值,取得长期收益。

村集体经济组织获得收益后,就如一般的股份制企业一样进行核算,在扣除各项成本和赋税后,得到净利润。净利润中按比例对集体股权予以分配,同时提留福利。集体股权的股息和分红收益承担村集体经济组织的管理成本,而社会保障金从福利金中扣除。

三、个人层面

国家和集体都是农民社会保障权实现的义务主体,但这主要是针对社会救助、最低生活保障等具有福利性质的社会保障项目。对于社会保险这一项目而言,参保人自身也需要承担一定的义务和责任。根据社会保险的定义,其缴费主体是全部参保对象及其所属的用人单位。从这个层面上讲,如果实现城乡社会保险制度的并轨,政府补贴的责任将降低,而农民个人与村集体经济组织的筹资责任将上升。当然,鉴于目前城乡社会保险缴费水平和保障水平的差异,以及农村地区普遍经济水平低下,政府的大力资助还需要保持相当长一段时间。

个人土地收益的实现有多种形式。第一是土地劳动收益和普通股权收益的累计。前面提及,农民凭借集体经济组织成员的身份可以获得股份制经济组织中的普通股权,并因此获得长久稳定的股息和红利收入。如果农民没有意愿再以土地承包经营权换取特殊股权,而是从事农业生产,则他还可以从行使土地承包经营权中获得劳动收入。两者累计,将明显超过当前的收入水平。另外,获得股权的农民本身享有集体提供的社会保障公共品的权利。第二是普通股权收益、特殊股权及非农就业收益的累计。农民除了凭借身份取得普通股权,还可以以土地承包经营权获得特殊股权,同样可以获得长期稳定的股息和红利收入。除此之外,如果农民在交出土地承包经营权后还有机会实现非农就业,则其个人收益就会更高。

个人土地收益转换为社会保障资金有两个渠道:一是在取得土地承包经营权时向集体经济组织缴纳承包费,以此作为占用、使用土地的租金,这笔费用成为村集体经济组织收入的一部分;二是通过股权或劳动获得个人收入,然后以此收入选择参与社会保险并承担个人需缴纳的保费。

第七章 结论及政策建议

本书回顾了我国不同土地政策下的农村社会保障制度的变迁,从理论上分析了土地和农村社会保障之间的关系;在梳理了我国目前农村社会保障体系的现状与特征后,归纳了农村社会保障陷入困境的原因。通过研究,本书认为构建以土地为依托的农村社会保障体系不仅有理论和政策基础,而且也会受到农民的欢迎。如果能够切实实现农村集体土地的价值并在国家、集体和个人之间合理分配,那么我国农村社会保障体系的关键问题就能够得到解决。

第一节 基本结论

一、在农村社会保障的供需关系中,土地从多方面产生影响

如果将农村社会保障视作商品,供需双方都有强烈的供给/需求欲望,从供给方——政府来看,大量人社会保障缺失带来的社会风险使得其具有强大的提供社会保障的动力,从需求方——农村居民来看,农村地区老龄化严重带来的个人风险上升使其对社会

保障的需求意愿上升。但供给欲望与需求欲望并不总能转化成为有效供给和有效需求。日益增长的经济总量和财政收入使得政府具有承担起农村社会保障供给的能力,但农民较低的收入水平和不尽合理的社会保障项目价格以及其他因素,使得他们的需求欲望并没有完全转化成为有效需求。

在农村社会保障的供求关系中,土地从多个方面发生影响。它作为收入来源影响着农民的收入水平,进而决定其对社会保险缴费的负担能力。它作为保障形式影响到社会保障的替代性,进而决定农民对于社会保障的需求迫切性。不同的土地制度安排会影响农业生产方式,进而影响农民面临的风险大小。

二、政府是农民社会保障权利实现的终极义务主体,但集体和个人在社会保险制度中应当发挥更重要的作用

社会保障权是每个公民应享有的权利,是基本人权的一个方面,农村居民也应该同样享有。从理论上讲,政府是农民社会保障权利实现的终极义务主体,这是我国宪法所赋予政府的责任。在农村社会保障体系的完善过程中,政府首先具有制定规则的作用;其次具有提供资金的作用;第三还负有监督和指导作用。但在社会保险制度中,参保人和其雇佣单位应是主要的缴费主体,这是该项制度的性质所决定的。在当前的农村发展水平下,村集体经济组织和个人没有能力完全承担责任,因而在相当长的时间里需要政府的大力支持。但随着村集体和个人经济实力的增长,政府在社会保险制度上面所承担的责任可以适当减轻。需要强调的是,在农村最低生活保障、农村社会救助、"五保户"供养等社会福利提

供方面,政府仍是唯一的义务主体。

三、农村社会保障制度发展不足的关键在于资金问题,但在制度设计、生产方式和法律法规建设等方面也需要进一步改进

我国农村社会保障具有发展水平低、体系不健全和政策碎片化严重的特征,造成这一局面的原因很多,而关键在于政府、集体和个人三个层面存在投入不足的问题。近年来,政府对于社会保障的投入在不断增加,但总体而言仍存在重城市、轻农村的现象。村集体经济组织虽然也是农村社会保障的义务主体,但由于家庭联产承包责任制的实行削弱了集体经济实力,因而无力履行其对集体经济组织成员社会保险和社会福利的责任。农民则因收入水平较低,难以负担较高额度的缴费。除此之外,农村社会养老保险制度设计、自耕农式的生产方式、法律法规缺失等也影响了农村社会保障的发展与完善。

四、区位、周边城市的经济发展水平、劳动力素质等差距决定了不是所有的农村都可以在短时间内实现工业化,因而依托农村集体土地所有权分享城市发展成果,是当前发展阶段获得稳定的农村社会保障资金的有效渠道

无论是省级、地市级、村级、农户的数据都表明,东部沿海地区和中部地区的经济结构、发展水平有很大的不同。区位、周边城市、劳动力素质等差距决定了欠发达地区很难在短时间内实现工业化,而仅靠农业生产则更不可能在短时间内增收。土地作为稀

缺性资源,随着城市化的快速推进,显示出越来越高的价值。过去的问题在于,囿于政策法规的限制,农村土地的价值被压低。随着国家土地制度改革进入实质化阶段,土地的财产价值会迅速显现,因而集体土地所有权所包含的经济价值将成为农村社会保障资金的稳定来源。

五、目前的土地流转在多数地区还是不够规范,中介组织及相关服务机构发展不足,因而对土地流转带来一定障碍

虽然从土地开始流转到现在已经有 20 多年的时间,但政府普遍对这一行为进行规范化管理也只有 10 多年的时间。即使是像广东省这样在 1992 年时就已经出台相关政策法规的省份,土地流转中不签订合同、流转期限不确定等问题也屡见不鲜。除此之外,中介组织和相关服务机构在农民土地流转过程中的作用非常有限,这无形中会增加农民土地流转的成本,也有可能增加其风险。随着我国农村综合改革的不断深入,不仅是耕地,农村集体经营性建设用地、宅基地都会陆续进入市场。如果没有发达的中介组织和评估、法律等方面的服务机构,土地流转将面临不小的风险。

六、农业生产效益偏低可能会带来土地流转后的"非粮化"问题,进而威胁到粮食安全

比较耕地流转前后农户的行为,会发现土地流转进来后一些农户的种植种类发生了变化,原本种粮食的改为种经济作物。这种现象不仅在我们调查的村庄发生,在其他省份、地区也有发生。究其原因是农业生产效益过低。农产品收购价格长期没有明显增

长,而农业生产的成本却在不断上升,这使得农业的利润空间不断被挤压。在访谈中有农户说现在除非是大规模的粮食生产,不然种得多就赔得多,因而转入了他人的土地就种些经济作物。如果不能解决土地流转后的"非粮化"问题,则最终有可能影响到我国的粮食安全问题。国家划定耕地红线是为了保证粮食供应,如果土地流转后不再种粮食,则耕地红线也就变得没有意义。

七、依托土地完善农村社会保障体系具有坚实的理论、政策和现实基础,目前实行村集体经济组织的股份制改造正当其时,但必须保证其福利属性

现代西方经济学中的地租理论为土地合理定价以及国家、集体和个人平等享有土地收益提供了理论依据。而自2002年以来,中央政府10多年一号文件都对完善农村社会保障和推进农村综合改革、深化土地制度改革有所提及,特别是最近三年的中央一号文件中,对于稳定土地承包经营关系、试点土地确权工作、改革征地制度、探索农村集体经营性建设用地入市等问题都有越来越明确的思路。这是依托土地完善农村社会保障体系的政策基础。除此之外,农民对于依托土地完善农村社会保障体系也持欢迎的态度。因此,目前阶段进行农村集体经济组织股份制改革是顺应了社会发展潮流。但需要注意的是,这里所说的股份制不仅具有财产性,更具有社会福利性,因而这将有别于普通的股份制企业。在实际操作中必须有所区别。

第二节 政策建议

一、从修正相关法律入手,为构建依托土地的农村社会保障体系提供保证

党的十八大提出,法治是治国理政的基本方式,要全面推进依法治国,到 2020 年实现依法治国基本方略全面落实,法治政府基本建成。习近平总书记在关于《中共中央关于全面推进依法治国若干重大问题的决定》的说明中也指出:"法律是治国之重器,法治是国家治理体系和治理能力的重要依托。"由此可见,推进改革,一定要从立法着手,将国家、集体、个人之间的关系以及各自的权利义务,以法律的形式确定下来。

关于农村综合改革、土地制度改革,2015 年的中央文件精神中已经有明确的表述。但是在国家治理中,法律才是最高的规范标准,对于解决国家社会经济发展面临的各种问题具有最终的解释力。虽然完善农村社会保障体系的过程中,政府会出台各种实施意见,但这些都必须在法律的框架下完成,而地区间制度的冲突也必须依靠法律来调整和矫正。对农村社会保障体系的完善必须有一套法治的制度化方案。在发达国家,要调整事关国民福利的社会政策,都必须从修订相关法律开始。

构建依托土地的农村社会保障体系需要从修订法律入手的原因还在于,允许农村集体所有的土地进入市场流通、赋予集体土地

与国有土地同样的权利,这与我国现行法律规定有冲突,因而必须进行修正之后才可能进行后续工作。以《土地管理法》为例。《中华人民共和国土地管理法》于 1986 年审议通过,1987 年开始实施,至今已经经过三次修正。1988 年根据《宪法修正案》"土地使用权可以依照法律规定转让"的规定,将相关条文修正为"国有土地和集体所有土地使用权可以依法转让;国家依法实行国有土地有偿使用制度",由此为国有土地入市奠定法律基础。1998 年全国人民代表大会常务委员会第四次会议对其进行了全面修订,对建设单位使用国有土地需以有偿方式取得作出明确规定。2004 年全国人民代表大会又根据同年的《宪法修正案》对《土地管理法》进行了第三次修正,明确规定"国家为了公共利益的需要,可以依法对土地实行征收或者征用并给予补偿"。经过这一次修正的《土地管理法》中对国家征收集体用地的补偿费规定为"为该耕地被征收前三年平均年产值的六至十倍"。从征地工作的实践来看,这一补偿标准严重低于土地所有的价值。另外,根据该法律规定,取得建设用地土地使用权的单位,要向政府交纳土地使用权出让金,出让金 30%上交中央政府,70%留归地方政府。这也就意味着,土地增值的部分基本上都留在政府手中。如果政府要让渡部分土地收益给村集体经济组织,显然,这些法律规定都必须进行修订。

显然,对相关法律的修订是从法律制度的源头上解决改革面临的障碍,使得完善农村社会保障体系的过程中公权和私权之间能够达到理性的平衡。

二、修改现行政策,为实现城乡一体化的社会保障体系预留足够空间

我们的调查发现农民对于现在的农村社会养老保险制度并不满意,不尽合理的制度设计不仅让农民失去参保热情还让制度的统筹层次难以提高。如果对此不加以改进,其可持续性堪忧。实际上,构建完善的农村社会保障体系只是我国现阶段社会保障建设工作的目标之一,实现城乡社会保障制度融合、构建城乡一体化的社会保障体系才是我们的最终目标。因而在改进当前的制度时,必须将这一点考虑进去,要为未来预留足够的空间,以便与城镇社会保障制度对接。

以农村社会养老保险制度为例。鉴于农民对该制度的不满主要在于较低的保障水平,即使是经济欠发达地区的农户也认为养老金不足以完全承担老年人的基本生活需求。因此,可以从改进这项制度设计入手,找到既能够令当前参保者满意,又能够为未来预留接口的办法。

谈及城乡一体化的养老保险设计,上海社会科学院经济研究所左学金研究员提出了"建立覆盖我国全体老年人口的非缴费型养老金制度"的设想。他曾经建议建立一个全国性的非缴费型养老金,由财政直接或通过社保部门向我国全体 65 岁及以上的老年人,不分城乡、地区、男女和收入高低,一律提供相当于当年我国人均 GDP 5% 左右的养老金。该笔资金完全由中央财政负担,即对形成全国统一的劳动力市场有利,又可以减少非缴费型养老金筹资的地方分割对劳动力流动的阻碍,而且由中央财政负担也是为

了扩大中央财政的事权,可以减少中央与地方之间财权与事权的失衡。他提出,非缴费型养老金可以视作基础国民年金,地方政府、用人单位等可以根据各自的经济负担能力在此基础上附加。实际上,目前的农村社会养老保险制度也是这样设计的,但因为中央政府、地方政府和村集体的投入责任没有定量化,投入标准又比较低,所以才造成目前的窘境。因此,我们建议以上一年全国农村家庭平均人均纯收入作为基数,以低于城镇养老金40%替代率5~10个百分点作为农村基础养老金的替代率。照此计算得到的数目作为基础养老金,该养老金首先由中央财政负担80%。若当地上一年农村家庭人均收入低于全国平均水平的80%,地方政府不需另外补贴;若超出,则剩余的20%以及超出全国平均水平的部分由地方政府补贴。集体和农民个人需共同承担相当于当地上一年农村家庭人均纯收入的20%,计入个人账户。当集体和个人的收入水平有了明显提高,则可以减少地方政府所承担的补贴义务。这样,既可以提高农村社会养老保险制度的保障水平,又能够实现养老金与经济发展水平、集体和农户的收入联动。

需要指出的是,对于被征地农民,应当保证他们在城乡社会保障体系之间的平稳过渡。当被征地农民仍愿意留在农村社会保障体系内,应当允许集体经济组织按照其原来所持有的股份趸交其养老社会保险费;如果被征地农民愿意加入城镇社会保障体系,则应当允许集体经济组织按其原来所持有的股份折算后缴付部分的城镇养老保险的保费。

三、提高农产品价格,鼓励和支持村集体经济组织拉长产业链,尽可能将利润留在村集体内部

农民有权分享社会进步的成果,保证物价不一定要以压低农产品收购价格来实现,保障粮食安全也不一定要以牺牲农民的经济利益来实现。要完善农产品的价格形成机制,使得其具有合理的利润空间。而为了确保农产品收购价格的上升不显著影响消费品零售价格,则可以通过鼓励和支持村集体经济组织拉长产业链、减少中间流通环节来实现。

鼓励村集体经济组织与大型农产品深加工企业、大型商品零售企业、大型社区、大型厂矿等单位和组织直接对接,最好能够实现定向种植和定向农产品深度加工。加快建设全国范围内的农产品市场基础设施建设、改进配套服务、健全交易制度,帮助村集体经济组织储存、运输、配送农产品的能力。除了支持村集体经济组织自行拉长产业链,还要鼓励包括电商、物流、商贸、金融等企业都参与到涉农商务平台的建设中来,为这些企业的涉农业务提供税收、融资、财政补贴方面的优惠。

四、加大对农村地区信息基础设施的投入及对农业劳动力的教育培训,以实现现代科技与传统农业的融合与发展

要加大农村地区信息基础设施的建设及对农业劳动力的教育培训,普及计算机技术在农业中的应用,实现互联网技术与传统农业的融合与发展。

2015年李克强总理在政府工作报告中提出了"互联网+"的

行动计划。虽然他的讲话是针对制造业说的,是要推动移动互联网、云计算、大数据、物联网等与现代制造业结合,同时促进电子商务、工业互联网和互联网金融的健康发展。但这一思路也可以用于传统农业的现代化上。对于农业来讲,"互联网+"思维就是利用信息通信技术以及互联网平台,在农产品生产、加工、出售、农业基础设施完善、装备提升等各个方面都能够发挥互联网在社会资源配置中的优化和集成作用,提升传统农业的生产力。不仅要用现代科技武装农业生产,而且要提升农业企业的信息化水平,以助力农业实现产业化经营。

五、搭建土地流转的信息平台,鼓励中介组织及相关服务机构的发展,为农村土地流转的规范化建设提供外部支持

在制度变迁的过程中,经济绩效的提高就意味着交易成本的降低,而交易成本的降低将推动交易的发展。目前,在我国大部分地区,土地流转是由农民自行完成,在信息来源、规范服务等方面都有较大欠缺,因而农民的土地流转交易成本较高,进而会降低土地流转效率。而在国外,土地流转过程中,中介组织发挥了很大作用,不仅能够提供信息,还能提供包括跨地区农地交易、改善农业生产环境、帮助新务农者稳定经营等在内的一系列服务内容。对我国而言,农村土地流转的中介组织应当发挥如下作用:首先是提供土地信息,帮助农户有效配置土地资源,解决土地细碎化的问题,为实现农业的规模经营打下基础;其次是协调土地流转双方的利益关系,尽可能降低交易成本;第三是从司法、信息、价值评估等方面向土地流转关联各方提供专业的技术支持;第四是在降低交

易风险的同时规避经营风险。

政府应当允许多种形式的土地流转中介组织的存在,同时为其发展提供合适的外部环境,在相关的财税、金融政策上予以优惠和倾斜,使其能够获得发展的空间。要允许这些组织具有担保、信贷、地块评估的职能,不仅可以为土地流转服务,也可以满足农民日常解决土地问题的需要;要鼓励专业人才到这些机构流动或兼职,以提高中介组织的专业性;要投入资金搭建农地流转平台,定期收集、更新信息库,汇总发布供求信息,使得土地供需双方都能够畅通信息渠道。

六、在保证福利性的前提下鼓励村集体经济组织进行切合实际的股份制改造,在实际运行中实施多层级、多环节管理以确保农村社会保障资金的可持续运行

正如前文所述,虽然要对村集体经济组织进行股份制改造,但绝不是把它变成以《公司法》来约束和规范的经济单位。它不仅仅是一个经济单位,也是全体成员的共同体,是他们共同依靠的家园。因而,股份制改造只能是在保证其福利性的前提下完成。改造后的村集体经济组织有类似于国有企业的地方,即使村集体经济组织因经营管理不善而资不抵债,村集体土地也不可以作为破产清算的财产。从这个角度上说,一旦发生这样的问题,国家需要承担最终的兜底责任。

在日常的经营管理中,需要特别注意资金的长效管理。土地所有权的价值实现、运行管理和最终社会保障权利的实现需要相互独立、相互监督,建立多层级、多环节的管理机制,以确保农村社

会保障资金的可持续运行。

村集体经济组织的股份制改造完成后,可以参照股份制企业的权力结构设定筹资事务小组、资金管理小组和资金使用小组。筹资事务小组负责股份制组织的日常运营,按照公司利润最大化的原则办事,力求达到资金筹集总量的最大化。资金管理小组负责资金的保值增值、风险控制,按照稳健均衡的原则办事,力求达到资金的低风险保值增值。而资金使用小组主要负责为集体经济组织成员购买包括社会保险在内的公共服务,实现成员的社会保障权利。这三个小组的成员可以由村民担任,也可以聘任专业人员。股份制经济组织还可以参照股份公司设定组织机构,并制定相应制度章程和议事规则。可以设立全体成员大会、议事会和监督小组,分别相当于股份制企业的股东大会、董事会和监事会。定时召开全体成员大会,对于重大发展问题、收益分配问题和资金使用问题都进行民主表决,任何决定只有通过 2/3 以上的股权所有人同意,才能得以实施。对于股权所有人的权利义务,可由议事会拟定,并交全体成员大会讨论,通过后执行。组织还需建立透明的财会制度,建立健全内部审计制度,定期向全体成员发布财务状况。监督小组对全体成员大会负责,分别对议事会、资金筹集小组、资金管理小组和资金使用小组的工作内容进行监督,一旦发现违法、违规行为,必须立即纠正并予以惩罚。每年都需在全体大会上作组织运行状况的报告,以使全体成员都能够了解组织的经营状况。

参考文献

D. Gale Johnson, "Agriculture Adjustment in China: Problem and Prospects, *Population and Development Review*, Volume 26, Issue 2 (June 2000). http://yss. mof. gov. cn/2014czys.

Paul A. Samuelson, "The Pure Theory of Public Expenditure," *The Review of Economics and Statistics*, Volume. 36, Issue 4 (Nov. , 1954).

阿萨·胡塞恩：《中国农村社会保障的现状与趋势》，崔存明、王立志摘译，《国外理论动态》2006 年第 12 期。

北京市朝阳区政府：《2014 年北京朝阳区新农合筹资和补偿标准》，2014 年 3 月，北京市新型农村合作医疗服务网站，http://shbz. beijing. cn/bjsxxnchzylfw。

北京市延庆县政府：《2014 年北京延庆县新农合筹资和补偿标准》，2014 年 3 月，北京市新型农村合作医疗服务网站，http://shbz. beijing. cn/bjsxxnchzylfw。

陈淑琼：《农地流转中的农民收入——基于揭阳市 416 户农户的实证研究》，《广州城市职业学院学报》2015 年第 1 期。

陈颐：《论新型农村社会保障体系的筹资模式》，《学海》2003 年第 5 期。

程志强：《对我国土地信用合作社时间的思考——以宁夏平罗为例》，《管理世界》，2008 年第 11 期。

大卫·李嘉图:《政治经济学及赋税原理》,周洁译,华夏出版社,
　　2005 年。

杜朝晖:《我国农村土地流转制度改革——模式、问题与对策》,
　　《当代经济研究》2010 年第 2 期。

广东省揭阳市统计局:《2015 年揭阳市国民经济统计快报》,揭阳
　　统计信息网,http://www. gdjystats. gov. cn/Article/ShowInf
　　o. asp? ID＝6609。

广东省人民代表大会常委会:《广东省农村社区合作经济承包合
　　同管理条例》,1992 年 3 月通过,1992 年 5 月颁布。广东省人民政
　　府门户网站, http://www. gd. gov. cn/govpub/flfg/dffgwas/
　　200809/t20080912_66674. htm。

广东省人民政府:《广东省新型农村社会养老保险试点实施办法》
　　(粤府〔2009〕124 号),2009 年 11 月颁布。广东省人民政府门户
　　网站,http://zwgk. gd. gov. cn/006939748/200911/t20091119_
　　11529. html。

广东省人民政府:《关于试行农村集体建设用地使用权流转的通
　　知》(粤府〔2003〕51 号),2003 年 6 月颁布。广东省人民政府门
　　户网站,http://zwgk. gd. gov. cn/006939748/200909/t2009091
　　5_8778. html。

广东省人民政府:《广东省集体建设用地使用权流转管理办法》
　　(省政府令第 100 号),2005 年 6 月颁布,2005 年 10 月 1 日起执
　　行。广东省人民政府门户网站, http://zwgk. gd. gov. cn/
　　006939748/200909/t20090915_11169. html。

广东省人民政府:《广东省人民政府关于修订〈广东省城乡居民社
　　会养老保险实施办法〉的通知》(粤府〔2014〕37 号),2014 年 7 月
　　颁布。广东省人力资源和社会保障厅门户网站,http://www.
　　gdhrss. gov. cn/publicfiles/business/htmlfiles/gdhrss/s70/201

408/48406. html。

广东省人民政府:《广东省人民政府关于印发〈广东省城乡居民社
会养老保险实施办法〉的通知》(粤府〔2013〕92 号),2013 年 9 月
颁布。广东省人民政府门户网站,http://zwgk. gd. gov. cn/
006939748/201309/t20130929_407371. html。

广东省人民政府:《广东省人民政府关于印发提高我省底线民生
保障水平实施方案的通知》(粤府〔2013〕111 号),2013 年 11 月
颁布。广东省人力资源与社会保障厅门户网站,http://www.
gdhrss. gov. cn/publicfiles/business/htmlfiles/gdhrss/s70/201
408/48407. html。

广东省统计局:《2014 广东省统计年鉴》,中国统计出版社,
2014 年。

广州市人力资源和社会保障局:《广州"新农保"政策即将实施》,
2010 年 9 月。广州市新闻中心网站,http://www. gznews.
gov. cn/node_10/2010-09/12850586036391. shtml。

国家财政部:《财政部关于印发〈村集体经济组织会计制度〉的通
知》(财会〔2004〕12 号),2004 年 9 月颁布。国家财政部门户网
站,http://www. mof. gov. cn/zhengwuxinxi/zhengcefabu/200
4zcfb/200805/t20080519_20888. htm。

国家财政部:《2010 年全国一般公共预算支出决算表》,2011 年 7
月。国家财政部门户网站,http://yss. mof. gov. cn/2010juesua
n/index. html。

国家财政部:《2011 年全国一般公共预算支出决算表》,2012 年 7
月。国家财政部门户网站,http://yss. mof. gov. cn/2011qgczjs
/index. html。

国家财政部:《2012 年全国一般公共预算支出决算表》,2013 年 7
月。国家财政部门户网站,http://yss. mof. gov. cn/2012qhczjs

/index. html。

国家财政部:《2013 年全国一般公共预算支出决算表》,2014 年 7
　　月。国家财政部门户网站,http:/yss. mof. gov. cn/2013qgczjs。

国家财政部:《2014 年全国一般公共预算支出决算表》,2015 年 7
　　月。国家财政部门户网站,http://yss. mof. gov. cn/2014js/
　　index. html。

国家财政部:《2015 年全国一般公共预算支出决算表》,2016 年 7
　　月。国家财政部门户网站,http://yss. mof. gov. cn/2015js/
　　index. html。

国家劳动部:《企业职工生育保险试行办法》(劳部发〔1994〕504
　　号),1994 年 12 月颁布,1995 年 1 月 1 日开始执行。中国政府
　　门户网站,http://www. gov. cn/banshi/2005-08/21/content_
　　25067. htm。

国家劳动和社会保障部:《关于农民工参加工伤保险有关问题的
　　通知》(劳社部发〔2004〕18 号),2004 年 6 月颁布。国家人力资
　　本和社会保障部门户网站,http://www. mohrss. gov. cn/
　　gsbxs/zhengcewenjian/201011/t2010112
　　9_82851. htm。

国家民政部:《县级农村社会养老保险基本方案》(民办发〔1992〕2
　　号),1992 年 1 月 3 日颁发并实施。

国家人力资源和社会保障部:《2014 年度人力资源和社会保障事
　　业发展统计公报》,国家人力资源和社会保障部门户网站,
　　http://www. mohrss. gov. cn/SYrlzyhshbzb/zwgk/szrs/tjgb/
　　201506/t20150629_212661. html。

国家统计局:《中国统计年鉴(1993)》,中国统计出版社,1993 年。

国家统计局:《中国统计年鉴(1996)》,中国统计出版社,1996 年。

国家统计局:《中国统计年鉴(2001)》,中国统计出版社,2001 年。

国家统计局:《中国统计年鉴(2003)》,中国统计出版社,2003 年。

国家统计局:《中国统计年鉴(2006)》,中国统计出版社,2006 年。

国家统计局:《中国统计年鉴(2008)》,中国统计出版社,2008 年。

国家统计局:《中国统计年鉴(2010)》,中国统计出版社,2010 年。

国家统计局:《2012 年农民工监测调查报告》,2013 年 5 月,国家统计局门户网站,http://www. stats. gov. cn/tjsj/zxfb/201305/t20130527_12978. html。

国家统计局:《2013 年农民工监测调查报告》,2014 年 5 月,国家统计局门户网站, http://www. stats. gov. cn/tjsj/zxfb/201405/t20140512_551585. html。

国家统计局:《2013 中国统计年鉴》,中国统计出版社,2013 年。

国家统计局:《2014 年农民工监测调查报告》,2015 年 4 月,国家统计局门户网站, http://www. stats. gov. cn/tjsj/zxfb/201504/t20150429_797821. html。

国家统计局:《2015 年农民工监测调查报告》,2016 年 4 月,国家统计局门户网站, http://www. stats. gov. cn/tjsj/zxfb/201604/t20160428_1349713. html。

国家统计局:《中国统计年鉴(2015)》,中国统计出版社,2015 年。

国家统计局农村社会经济调查司:《中国农村统计年鉴(2014)》,中国统计出版社,2014 年。

国家统计局人口和就业统计司:《中国人口统计年鉴(2006)》,中国统计出版社,2006 年。

国家统计局人口和就业统计司:《中国人口和就业统计年鉴(2011)》,中国统计出版社,2011 年。

国家统计局人口和就业统计司:《中国人口和就业统计年鉴(2014)》,中国统计出版社,2014 年。

国家统计局人口和社会科技统计司:《中国人口统计年鉴

(2001)》,中国统计出版社,2001 年。

国家统计局人口普查办公室:《中国 2000 年人口普查资料》,国家统计局门户网站,http://www. stats. gov. cn/tjsj/pcsj/rkpc/5rp/index. htm。

国家统计局人口普查办公室:《中国 2010 年人口普查资料》,国家统计局门户网站 http://www. stats. gov. cn/tjsj/pcsj/rkpc/6rp/indexch. htm。

国家统计局人口统计司:《中国人口统计年鉴(1991)》,中国统计出版社,1991 年。

国家统计局人口与就业统计司:《中国人口统计年鉴(1996)》,中国统计出版社 1996 年。

国家卫生部:《中国卫生统计年鉴(2007)》,中国协和医科大学出版社,2007 年。

国家卫生部:《中国卫生统计年鉴(2008)》,中国协和医科大学出版社,2008 年。

国家卫生部:《中国卫生统计年鉴(2009)》,中国协和医科大学出版社,2009 年。

国家卫生部:《中国卫生统计年鉴(2010)》,中国协和医科大学出版社,2010 年。

国家卫生部:《中国卫生统计年鉴(2011)》,中国协和医科大学出版社,2011 年。

国家卫生部:《中国卫生统计年鉴(2012)》,中国协和医科大学出版社,2012 年。

国家卫生部、财政部、民政部:《关于做好 2011 年新型农村合作医疗有关工作的通知》(卫农卫发〔2011〕27 号),2011 年 4 月,国家卫生和计划生育委员会门户网站,http://www. moh. gov. cn/jws/s3581sg/201104/549c057f8

22147988cbc72ce70750842. shtml。

国家卫生部、财政部、民政部：《关于做好 2012 年新型农村合作医疗工作的通知》(卫农卫发〔2012〕36 号),2012 年 5 月,国家卫生和计划生育委员会门户网站,http://www. moh. gov. cn/jws/s3581sg/201205/7370bc02da5b4

d64a4d610dcd33767f9. shtml。

国家卫生部、国家发展改革委、财政部：《关于推进新型农村合作医疗支付方式改革工作的指导意见》(卫农卫发〔2012〕28 号),2012 年 4 月颁布。国家财政部门户网站,http://www. mof. gov. cn/zhengwuxinxi/zhengcefabu/201205/t20120516_65163 5. htm

国家卫生部、民政部、财政部、农业部、中医药局：《关于巩固和发展新型农村合作医疗制度的意见》(卫农卫发〔2009〕68 号),2009 年 7 月,中央政府门户网站,http://www. gov. cn/gongbao/content/2010/content_1555968. htm。

国家卫生部办公厅：《关于做好 2009 年下半年新型农村合作医疗工作的通知》(卫办农卫发〔2009〕108 号),2009 年 6 月,国家卫生和计划生育委员会门户网站,http://www. moh. gov. cn/jws/s3581sg/200906/42c205598ded4

76d84a113cafdeead23. shtml。

国家卫生计生委：《中国卫生和计划生育统计年鉴(2013)》,中国协和医科大学出版社,2013 年。

国家卫生计生委：《中国卫生和计划生育统计年鉴(2014)》,中国协和医科大学出版社,2014 年。

国家卫生计生委、财政部：《关于做好 2013 年新型农村合作医疗工作的通知》(国卫基层发〔2013〕17 号),2013 年 9 月,国家卫生和计划生育委员会门户网站,http://www. moh. gov. cn/jws/

s3582g/201309/9371376e1e584e

e6893d11b654bfcba2. shtml。

国家卫生计生委、财政部:《关于做好 2015 年新型农村合作医疗
工作的通知》(国卫基层发〔2015〕4 号),2015 年 1 月,国家卫生
和计划生育委员会门户网站,http://www. moh. gov. cn/jws/
s3581sg/201501/98d95186d49447

2e8d4ae8fa60e9efc5. shtml。

国家卫生计生委办公厅:《关于做好 2014 年新型农村合作医疗几
项重点工作的通知》(国卫办基层发〔2014〕39 号),2014 年 7 月,
国家卫生和计划生育委员会门户网站,http://www. moh. gov.
cn/jws/s3581sg/201407/d8abe

06c1a2d4c17b78e7b14c860579a. shtml。

国务院:《工伤保险条例》(令第 375 号),2003 年 4 月颁布。http://
www. gov. cn/gongbao/content/2003/content_62126. htm。

国务院:《关于开展新型农村社会养老保险试点的指导意见》(国
发〔2009〕32 号),2009 年 9 月。中央政府门户网站,http://
www. gov. cn/jrzg/2009-09/07/content_1411208. htm。

国务院:《国务院关于机关事业单位工作人员养老保险制度改革
的决定》(国发〔2015〕2 号),2015 年 1 月颁布,中央政府门户网
站,http://www. gov. cn/zhengce/content/2015-01/14/content
_9394. htm。

国务院:《国务院关于建立城镇职工基本医疗保险制度的决定》
(国发〔1998〕44 号),1998 年 12 月颁布,中国政府门户网站,
http://www. gov. cn/banshi/2005-08/04/content_20256. htm。

国务院:《国务院关于建立统一的企业职工基本养老保险制度的
决定》(国发〔1997〕26 号),1997 年 7 月颁布,人民网,http://
www. people. com. cn/item/flfgk/gwyfg/1997/112204199701.

html。

国务院:《国务院关于开展城镇居民社会养老保险试点的指导意见》
(国发〔2011〕18 号),2011 年 6 月颁布。中央政府门户网站,
http://www. gov. cn/zwgk/2011-06/13/content_1882801. htm。

国务院:《国务院关于企业职工养老保险制度改革的决定》(国发
〔1991〕33 号),1991 年 6 月颁布。

国务院:《国务院关于完善企业职工养老保险制度的决定》(国发
〔2005〕38 号),2005 年 12 月颁布。中央政府门户网站,http://
www. gov. cn/gongbao/content/2006/content_169950. htm。

国务院:《国营企业职工待业保险暂行规定》(国发〔1986〕77 号),
1986 年 7 月颁布,1986 年 10 月 1 日执行。

国务院:《国有企业职工待业保险规定》(令第 110 号),1993 年 4
月颁布,1993 年 5 月 1 日开始执行。

国务院:《农村五保供养工作条例》(国务院令第 456 号),2006 年
1 月颁布。中央政府门户网站,http://www. gov. cn/zwgk/
2006-01/26/content_172438. htm。

国务院:《失业保险条例》(令第 258 号),1999 年 1 月颁布并执行。
中国政府门户网站,http://www. gov. cn/banshi/2005-08/04/
content_20258. htm。

国务院:《新型农村养老保险试点意见》(国发〔2009〕32 号),2009
年颁布。

国务院办公厅:《国务院办公厅转发卫生部等部门〈关于建立新型
农村合作医疗制度的指导意见〉的通知》(国办发〔2003〕3 号),
2003 年 1 月发文。中央政府门户网站,http://www. gov. cn/
zhuanti/2015-06/13/content_28790
14. htm。

国务院办公厅:《国务院办公厅转发卫生部等部门关于进一步做好

新型农村合作医疗试点工作指导意见的通知》(国办发〔2004〕3号),2004 年 1 月,中央政府门户网站,http://www. gov. cn/zwgk/2005-08/14/content_22628. htm。

韩冰华:《建立以土地产权货币化为基础的农村社会保障体系构想——中国农村社会保障资金积累方略》,《农业现代化研究》2004 年第 6 期。

韩冰华、张安录:《论农地制度创新与中国农地资源合理配置》,《生态经济》2004 年第 10 期。

何乘材:《农村公共产品、农民国民待遇与农业发展》,《中央财经大学学报》2002 年第 11 期。

河南省民政厅、财政厅:《关于做好 2013 年城乡居民最低生活保障和农村五保供养工作的通知》(豫民文〔2013〕65 号),2013 年 4 月颁布。河南省民政厅门户网站,http://www. henanmz. gov. cn/system/2013/04/10/01038286 4. shtml。

河南省人民政府:《关于开展新型农村社会养老保险试点的实施意见》(豫政〔2009〕94 号),2009 年 11 月颁布。河南省人民政府门户网站,http://www. henan. gov. cn/zwgk/system/2009/12/17/010170460. shtml。

河南省人民政府办公室:《河南省人民政府办公厅关于开展农村土地承包经营权确权登记颁证试点工作的意见》(豫政办〔2014〕111 号),2015 年 3 月颁布。河南省人民政府门户网站,http://www. henan. gov. cn/zwgk/system/2015/04/14/010543303. shtml。

河南省统计局:《河南省统计年鉴(2014)》,中国统计出版社,2014 年。

河南省统计局:《2015 年鹿邑县国民经济和社会发展统计公报》,

河南省统计局门户网站，http://www. ha. stats. gov. cn/
　　sitesources/hntj/page_pc/tjfw/tjgb/szgxgb/article3c19993a39a
　　9466b8ebe1272ed868492. html。

河南省卫生厅、财政厅、中医管理局：《关于印发〈河南省新型农村
　　合作医疗统筹补偿方案(2012 年版)〉的通知》(豫卫农卫〔2011〕
　　21 号)，2011 年 10 月印发。

胡武贤：《农村社会保障缺失的关联效应及其改革路径》，《甘肃社
　　会科学》2006 年第 6 期。

蒋省三、刘守英、李青：《中国土地政策改革——政策演进与地方
　　实施》，上海三联书店，2010 年。

李雪、陈小伍：《促进农地流转与完善农村社会保障的关系探析》，
　　《上海农村经济》2008 年第 3 期。

刘芳华、林丹：《中国农村土地流转制度的改革与创新》，《中共福
　　建省委党校学报》2010 年第 10 期。

刘福恒：《推进城市化战略的主要切入点》，《经济与管理》2001 年
　　第 4 期。

刘恒：《成都市农村产权交易所运行机制解析》，《内蒙古农业科
　　技》，2011 年第 4 期。

陆学艺：《当代中国社会阶层的研究报告》，社会科学文献出版社，
　　2002 年。

马克思、恩格斯：《马克思恩格斯全集第 25 卷(下卷)》(第二版)，
　　中央编译局编译，人民出版社，2001 年。

马小勇、薛新娅：《中国农村社会保障制度改革：一种"土地换保
　　障"的方案》，《宁夏社会科学》2004 年第 3 期。

全国人民代表大会：《高级农业生产合作社示范章程》，1956 年 6
　　月 30 日通过并实施。http://www. npc. gov. cn/wxzl/wxzl/
　　2000-12/10/content_430

4. htm。

全国人民代表大会：《中华人民共和国劳动法》，1994 年 7 月 5 日
　　通过，1995 年 1 月 1 日起执行。中国政府门户网站，http://
　　www. gov. cn/banshi/2005-05/25/content_905. htm。

全国人民代表大会：《中华人民共和国社会保险法》，2010 年 10 月
　　颁布，2011 年 7 月 1 日起执行。中央政府门户网站，http://
　　www. gov. cn/zxft/ft209/content_1748773. htm。

全国人民代表大会，《中华人民共和国宪法》(1954 年版)，1954 年
　　9 月 20 日通过。

萨缪尔森、诺德豪斯：《微观经济学(第 16 版)》，萧琛等译，华夏出
　　版社，1999 年。

上海市崇明县政府：《2014 年崇明县新型农村合作医疗政策解
　　读》，2014 年 3 月。上海市崇明县政府网站，http://www. cmx.
　　gov. cn/cm_website/html/DefaultSite/shcm_xxgk_zcjd/2014-
　　03-12/Detail_70773. htm。

上海市浦东新区政府新农合管理办公室：《2014 年浦东新区农村
　　合作医疗参保须知》，http://www. pdxnh. com/newscenter/
　　template_asp/view2. asp? id＝481。

上海统计局：《上海统计年鉴(2013)》，中国统计出版社，2013 年。

上海统计局：《上海市国民经济和社会发展历史统计资料 1949～
　　2000 年》，中国统计出版社，2001 年。

尚长风、张翰文：《土地流转及农村养老保险制度设计》，《审计与
　　经济研究》2008 年第 3 期。

王平、刘卫华：《截至 2011 年底河南省农村土地流转面积达 1 982
　　万亩》，大河网《河南日报》，2012 年 3 月 15 日，http://www.
　　ha. xinhuanet. com/add/2012-03/15/content_24896367. htm。

威廉·配第：《配第经济著作集》，陈冬野、马清槐、周锦如译，商务

印书馆,1981 年。

位英:《鹿邑县当前土地流转中的效益分析》,《农民致富之友》,2014 年第 8 期下。

吴邦国:《在第十二届全国人民代表大会第一次会议上的全国人大常委会工作报告》,http://news. youth. cn/gn/201303/t20130308_2954384. htm。

谢宇、张晓波、李建新、于学军、任强:《2014 中国民生发展报告》,北京大学出版社,2014 年。

亚当·斯密:《国民财富的性质和原因的研究(上卷)》,郭大力、王亚南译,商务印书馆,1972 年。

杨继绳:《中国当代社会各阶层分析》,甘肃人民出版社,2006 年。

赵海林:《论农村土地产权制度对农村社会保障制度的影响》,《农村经济》,2005 年第 1 期。

赵增廷:《重评建国初期农村经济政策中的"四个自由"》,《中共党史研究》,1992 年第 5 期。

中共中央国务院:《关于加大改革创新力度加快农业现代化建设的若干意见》,2014 年 12 月 31 日。中国农业新闻网,http://www. farmer. com. cn/uzt/ywj/gea/201601/t20160128_1176622. htm。

中共中央国务院:《关于加快推进农业科技创新持续增强农产品供给保障能力的若干意见》,2011 年 12 月 31 日。http://cpc. people. com. cn/GB/64093/64094/16995781. html。

中共中央国务院:《关于全面深化农村改革加快推进农业现代化的若干意见》,2013 年 12 月 31 日。中国农业新闻网,http://www. farmer. com. cn/uzt/ywj/gea/201601/t20160128_1176624. htm。

中共中央国务院:《中共中央国务院关于加快水利改革发展的决

定》,2010 年 12 月 31 日颁布。中国农业新闻网,http://www.
farmer. com. cn/ywzt/wyhwj/yl/201502/t20150205_1011788. htm。

中共中央国务院:《中共中央国务院关于加大统筹城乡发展力度,
进一步夯实农业农村发展基础的若干意见》,2009 年 12 月 31
日颁布。人民网, http://politics. people. com. cn/GB/1026/
10893985. html。

中共中央国务院:《中共中央国务院关于促进农业稳定发展农民
持续增收的若干意见》,2008 年 12 月 31 日颁布。中国农业新
闻网,http://www. farmer. com. cn/uzt/ywj/gea/201601/t201
60128_1176665. htm。

中共中央国务院:《中共中央国务院关于积极发展现代农业扎实推
进社会主义新农村建设的若干意见》,2006 年 12 月 31 日颁布。
中国农业新闻网, http://www. farmer. com. cn/uzt/ywj/gea/
201601/t20160128_1176673. htm。

中共中央国务院:《中共中央国务院关于加快发展现代农业进一
步增强农村发展活力的若干意见》,2012 年 12 月 31 日。中央
政府门户网站,http://www. gov. cn/jrzg/2013-01/31/content_
2324293. htm。

中共中央国务院:《中共中央国务院关于切实加强农业基础建设
进一步促进农业发展农民增收的若干意见》,2007 年 12 月 31
日颁布。中国农业新闻网,http://www. farmer. com. cn/ywzt/
wyhwj/yl/201502/t20150205_1011
778. htm。

中共中央国务院:《中共中央国务院关于推进社会主义新农村建
设的若干意见》,2005 年 12 月 31 日颁布。中国农业新闻网,
http://www. farmer. com. cn/ywzt/wyhwj/yl/201502/t201502
05_1011771. htm。

中共中央政治局:《关于把小型的农业社适当地合并为大社的意见》,1958 年 3 月 20 日成都会议通过,4 月 8 日政治局会议批准通过。中国国情网,http://www. china. com. cn/guoqing/2012-09/10/content_26746831. htm。

中共中央政治局:《关于在农村建立人民公社问题的决议》,1958 年 8 月 29 日发布。

中共遵义县委组织部课题调研组:《关于发展村级集体经济的调查与思考》,人民网,http://dangjian. people. com. cn/n/2015/0116/c117092-26400412. html。

中国共产党中央委员会:《中国土地法大纲》,1947 年 10 月 10 日颁布。

钟涨宝、狄金华:《中介组织在土地流转过程中的地位与作用》,《农村经济》2005 年第 3 期。

最高人民法院:《最高人民法院关于审理涉及农村土地承包纠纷案件适用法律问题的解释》(法释〔2005〕6 号),2005 年 7 月颁布。法律图书馆网站,http://www. law-lib. com/law/law_view. asp? id=95837。

附　录

一、土地制度变迁过程中农村社会保障问题调查问卷

您好：为了解农村居民的社会保障问题及土地制度变动对农村社会保障的影响，为政府做好服务工作提供决策参考，特进行本次调查。根据《统计法》的有关规定，您所回答的内容将仅用于科研，不会以任何形式泄露给其他人。谢谢您的配合！

问卷编号：_____

（本次问卷调查以家庭为单位，每个家庭选取 16 周岁及以上、具有本地农业户口并在本地长期居住、从事农业生产或者其他非农工作的人员进行调查。）

（注：请在下面适当的选项上打"√"，或者在横线上填入相应的内容；选择题中除了特别注明是多选题外，都是单选题。如果在调查过程中出现问题，请及时询问 136××××××××。）

A. 被调查家庭基本情况

您家里有_____口人，具体情况如下表：

A1. 与户主关系 1.户主 2.配偶 3.子女 4.父母 5.祖父母 6.孙子女 7.其他亲属 8.其他	A2. 性别 1.男 2.女	A3. 出生年月	A4. 上了几年学	A5. 婚姻状况 1.未婚 2.在婚 3.离婚 4.丧偶 5.其他	A6. 是否拥有承包地 1.有 2.没有	A7. 是否有社会养老保险 1.有 2.没有 3.不知道	A8. 是否参加了新农合 1.有 2.没有 3.不知道	A9. 就业或者就学状态 1.务农 2.其他非农职业 3.失业 4.在学 5.退休 6.其他

A10. 您家里是否有人外出务工?

　　　1. 有＿＿＿人　2. 没有(跳问 B1)

A11. 最早外出务工的已经外出＿＿＿＿＿＿年。

A12. 外出务工的人是否给家里寄钱?

　　　1. 寄,＿＿＿＿＿＿元/年　2. 不寄

A13. 外出务工的人是否有子女留在这里和你们居住在一起?

　　　1. 有,＿＿＿＿＿个　2. 没有

B. 被调查家庭及被调查者就业和其他经济状况

B1. 家里是否还从事农业生产?

　　　1. 是的　2. 没有(跳问 B5)

B2. 去年一年农业生产的纯收入有＿＿＿＿＿＿元。

B3. 去年家里还有其他收入来源吗?

　　　1. 有　2. 没有(跳问 B5)

B4. 去年还有哪些收入来源呢? (可多选)

　　　1. 非农就业的工资性收入＿＿＿＿＿＿元/年

　　　2. 财产性收入＿＿＿＿＿＿元/年

　　　3. 转移性收入＿＿＿＿＿＿元/年

　　　4. 其他经营性收入＿＿＿＿＿＿元/年

B5. 您个人目前从事农业生产吗?

　　　1. 是的　2. 不是(跳问 B7)

B6. 您个人目前有非农职业吗?

　　　1. 有　2. 没有(跳问 B8)

B7. 您的非农职业是什么?

1. 机关、企事业单位负责人　2. 各类专业技术人员　3. 商业或餐饮服务人员　4. 居民生活服务人员　5. 制造加工人员　6. 建筑施工人员　7. 运输设备操作人员　8. 废旧物资回收人员　9. 其他(请写明)_____

B8. 您目前的个人收入大概是_____元/年。

C. 被调查家庭土地流转及相关基本情况

C1. 目前您家里是否有可支配的承包地?

　　1. 有(跳问 C3)　2. 没有

C2. 为什么没有承包地了?

　　1. 全部流转出去了(跳问 C4)　2. 国家征收了(跳问 C13)

C3. 目前家里可支配的承包地有_____亩,土地最主要被用来____,10 年前土地最主要被用来_____。

　　1. 种植粮食作物　2. 种植油料等经济作物　3. 种植蔬菜

　　4. 种植果树　5. 办养殖场　6. 其他

C4. 您家可支配的承包地的数量是否发生过变化? (只要发生了流转都算有变化)

　　1. 增加了_____亩　2. 减少了_____亩　3. 没有(跳问 C18)

C5. 为什么您家可支配的承包地数量发生了变化? (可多选)

　　1. 村里根据家庭人口变化情况重新确认承包地　2. 转让(包括转出、转入)　3. 转包(包括转出、转入)　4. 租赁(包括出租和租入)　5. 土地入股　6. 其他_____

C6. 为什么您家里要将承包地进行流转? (可多选)

1. 无人耕种 2. 土地收益低 3. 希望获得较为稳定的现金收入 4. 希望实现规模耕种、多种经营 5. 家里有足够的劳动力,可以增加收入 6. 打算举家迁入城镇,不再需要土地 7. 有人来村里投资 8. 出去务工的人家里土地撂荒很可惜,而租金很便宜 9. 其他_____

C7. 你从哪里得到土地信息?

1. 亲属 2. 同村的朋友和熟人 3. 村委会 4. 其他_____

C8. 土地流转的年限有多久?

1. _____年 2. 到承包权结束 3. 合同中并未讲明,到时候商量着看 4. 其他_____

C9. 承包地流转是通过何种方式实现的?

1. 专门设立的土地流转交易机构 2. 到村委会办理登记和相关手续 3. 私下签订书面协议 4. 私下口头协议 5. 其他_____

C10. 土地流转的费用如何确定?

1. 根据国家或者地方政府的相关标准 2. 根据村委会的规定 3. 根据双方协商达成 4. 其他_____

C11. 土地流转费用如何结算?(可多选)

1. 现金一次性结算,_____元/亩,共计_____元

2. 以现金按年给付,_____元/年

3. 以实物按年给付,_____

4. 以股权加入合作组织,每年获得分红,_____元/年

5. 其他_____

C12. 您认为承包地流转带来的好处有哪些?(可多选)

1. 现金收入有明显增加　2. 有利于实现农业规模经营、提高生产效率　3. 迁到城镇的拖累少了　4. 让土地的保障功能货币化　5. 其他_____

C13. 您认为承包地流转还存在哪些问题?（可多选）

1. 土地价值的评估没有标准　2. 土地收益不具有长期性

3. 承包地流转后农户的就业会发生问题　4. 土地流转程序的规范性有待提高　5. 其他_____

（如家里不存在土地被征收的情况,本题回答完毕后请跳问 C17）

C14. 您家土地_____年被征收,被征收了_____亩。

C15. 您家土地被征用,获得了哪些补偿?

1. 政府补偿,每亩_____元,共计_____元

2. 开发商补偿,每亩_____元,共计_____元

3. 村集体补偿,每亩_____元,共计_____元

4. 其他补偿_____,每亩_____元,共计_____元

C16. 您家土地被征用,补偿标准是什么?（可多选）

1. 政府规定的标准　2. 村委会与开发商谈判　3. 其他__
_____

C17. 补偿标准如何实现?（可多选）

1. 现金一次性结清　2. 折算成城镇养老和医疗保险的保费

3. 加入村集体经济组织折算股权　4. 按年支付　5. 其他
_____

C18. 您家里有_____处宅基地,大概有_____亩,有哪些主要用途?

1. ____处盖房自住　2. ____处盖房经营　3. ____处空着

4. ____处流转

（如不存在宅基地流转,则跳问 D1）

C19. 宅基地是如何流转的?（可多选）

1. 转让(包括转出、转入)(跳问 C21)　2. 租赁　3. 土地入股　4. 其他_____

C20. 流转年限是多久?

1. ____年　2. 无固定期限　3. 没有约定

C21. 宅基地流转是通过何种方式实现的?

1. 专门设立的土地流转交易机构　2. 到村委会办理登记和相关手续　3. 私下签订书面协议　4. 私下口头协议

5. 其他_____

C22. 流转的费用如何确定?

1. 根据国家或者地方政府的相关标准　2. 根据村委会的规定　3. 根据双方协商达成　4. 其他_____

C23. 土地流转费用如何结算?（可多选）

1. 现金一次性结算,_____元/亩,共计_____元,地面附着物另算

2. 以现金按年给付,_____元/年

3. 以股权加入合作组织,每年获得分红,_____元/年

4. 其他_____

C24. 为什么您家里要将宅基地进行流转?（可多选）

1. 部分家庭成员迁入城镇,自己家用不了那么多

2. 希望获得较为稳定的现金收入

3. 村里要求的　4. 孩子要结婚成家

5. 希望扩大生产经营　6. 其他_____

C25. 为什么您不愿意将宅基地进行流转?(可多选)

1. 总是要先满足自己的居住需求

2. 国家有规定没法儿转给外边人,村里人都有了

3. 价格很低,就不费事儿了

4. 宅基地是自己的财产,不想转出去

5. 其他_____

C26. 您认为宅基地流转的优点有哪些?(可多选)

1. 现金收入有明显增加　2. 迁到城镇的拖累少了　3. 有利于实现多种经营　4. 由村里统一安排经营,省心　5. 让土地更加合理利用　6. 其他_____

C27. 您认为宅基地流转还存在哪些问题?(可多选)

1. 土地流转程序的规范性有待提高　2. 宅基地估价标准不够规范　3. 产权划分仍不明晰　4. 其他_____

C28. 您所在的村是否有集体经营用地?(如选择 2、3,跳问 C30)

1. 有　2. 没有　3. 不知道

C29. 集体经营用地的用途是什么?(可多选)

1. 由村集体组织从事非农业经营　2. 出售给村民作为宅基地　3. 租赁给其他经济组织　4. 租赁给村民从事非农经营　5. 其他_____　6. 不知道

C30. 集体经营用地的收益是否会分配?

1. 是,固定_____元/年　2. 是,具体金额不定　3. 不分配　4. 不知道

C31. 您对如下观点的态度。(完全同意 5,比较同意 4,无所谓 3,

不太同意 2,完全不同意 1)

序号	观　　点	得分
1	土地是根本和保障,不到万不得已不愿意失去土地。	
2	虽然仅靠现有土地很难维持家庭的生计,但仍算是最后的保障,会很慎重地对待承包地流转的问题。	
3	土地只是一种生产资料,如果有从事其他职业的机会,会考虑转让承包地,但宅基地不会轻易放弃。	
4	今后会迁入城镇,所以非常赞成承包地和宅基地都能够流转。	
5	土地价值应当由市场来决定,但农民在谈判中处于劣势,因而在土地流转中最好有代言人。	
6	农村土地是集体所有制,但在使用和收益过程中,并不能很好的体现这一点。	
7	集体经营用地的使用应该由全体村民说了算,收益也应该让大家享有。	
8	近年来国家土地改革的步伐在加快,未来不管是承包地还是宅基地或是农村集体经营性土地的流转都会全面放开。	
9	土地流转还是需要由国家来控制,否则有可能出现新时期的"地主"和"贫农"。	

C32. 您是否领取了土地承包权确权证书?

　1. 是　 2. 否

D. 被调查人员的社会保障及其他问题

D1. 您所在的村是否实行了农村社会养老保险制度?

　1. 有　 2. 没有　 3. 不知道(如回答 2 或 3,则跳问 D8)

D2. 您是否参加了农村社会养老保险?

　1. 参加了　 2. 没有参加(跳问 D7)

D3. 您为什么参加? (可多选)

1. 多一份保障总是好的

2. 如果不参加,家里的老人也不能参加

3. 如果不参加就不能参加新农合 4. 保费便宜

5. 国家有补贴 6. 其他_____

D4. 您每年需要交_____元保费,已经交了____年,还需交____年。根据目前的政策,目前 60 岁及以上老人每月可领取_____元。

D5. 您认为目前的保费水平如何?

1. 太高不能承受 2. 偏高还能承受 3. 适中 4. 偏低,可略高 5. 很低

D6. 您认为目前的保障水平如何?(答完后跳答 D8)

1. 太低,完全起不了作用 2. 偏低,但对农民而言也可以承担相当一部分开支了 3. 可以,基本可以承担老人的开销

4. 其他_____

D7. 您为什么没有参加?(可多选)

1. 没有钱交保费 2. 保障水平太低,不想参加 3. 参加了城镇养老保险 4. 商业保险的保障更可靠 5. 有孩子养老,所以不需要 6. 年龄太大不能参加 7. 其他_____

D8. 如果要同时提高保费和保障标准,实现农村社会养老保险和城镇居民养老保险的并轨,您是否会参加? 为什么?

	1. 一定参加	2. 可能参加	3. 不知道	4. 不太会参加	5. 肯定不参加
原因(可多选)	1. 保障水平跟城镇一样	1. 保费太高 2. 保障水平太低起不了作用			

(续表)

1. 一定 参加	2. 可能 参加	3. 不知道	4. 不太会 参加	5. 肯定 不参加

2. 多一份保障总是好　3. 孩子养老就可以了
　的　　　　　　　　　4. 商业保险更可靠
3. 孩子太少,必须依靠　5. 年龄太大没办法参加
　政府　　　　　　　　6. 其他_____
4. 保费能够负担得起
5. 其他_____

D9. 您能负担的最高保费是____元/年,您觉得能维持生活的最低
保险金是_____元/月。

D10. 您如何看待土地与农村社会保障的关系? 请按同意程度给
1~5分。

序号	观　点	得分
1	土地是农民的最终保障。	
2	应当让土地流转成为农民长期社会保障的来源。	
3	只要年老后能拿到能够维持生活的保险金,有没有土地都没有关系。	
4	随着城镇化的发展,农民的土地必然会越来越少,而社会保险的水平又不可能无限提高,所以最终还是子女赡养最重要。	
5	我觉得通过租赁或者入股的方式获得现金然后用这些钱交社会保险费,这种做法挺不错。	
6	我不愿意通过土地征用或者转让土地的方式换取社会养老保险。	

调查结束,再一次感谢您的配合!

二、关于调查的说明

1. 关于被调查者对象

本次调查的调查对象必须是在本地长期居住,并在本地就业(不一定是从事农业生产)的人员,各年龄段都需涵盖,即 20～29 岁、30～39 岁、40～49 岁、50～59 岁、60 岁及以上。

2. 关于家庭的定义

本调查中所涉及的家庭是指使用一本户口簿或者长期居住在一起的所有人的总和。如果是祖父母与孙子女住在一起或者类似情况,则需要将孩子的父母也算在其中。

3. 关于家庭收入

(1) 在 B2—B4 问题中所涉及的收入均为家庭收入,B5 问题中所涉及的收入均为被调查者本人的收入。时间范围均为去年一年。

(2) 农业纯收入包括种植业、养殖业及其他农业生产的全部纯收入,是扣除成本后的净收入。

(3) 工资性收入是指由于受雇于单位或个人,靠出卖劳动而获得的收入。

(4) 财产性收入是指由于向他人提供金融或者有形非生产性资产而获得的收入,包括利息、租金等。

(5) 转移性收入是指无须付出任何对应物而获得的货物、服务、资金或者资产所有权、他人赠予、集体经济分配所得等。

(6) 其他经营性收入是指以家庭为单位、除农业生产以外的二三产业经营行为所获得的收入。

(7) B8 中的个人收入是指农业和非农业收入的总和,如果只从事农业,则填入人均家庭收入,如果只从事非农职业,则填入非农职业的工资收入。

4. 关于可支配的承包地

这里是指由被调查家庭自行决定用途的承包地。如果是土地入股的形式加入合作组织,则不算作可支配的承包地。

5. 关于土地的最主要用途

C3 是单选题,所以将使用土地面积最多的作为最主要用途。例如,家里既种粮食也种蔬菜,如果粮食耕种面积大,则种粮食为最主要用途。

6. 关于转包与转让

转让必须经发包方同意,转包不需要;转让后原承包关系终止,转包后承包关系不变;转让后出让方的土地承包经营权部分或全部丧失,转包则出让方继续享有土地承包权;转让没有限制受让方的身份,转包限定只能给同一集体经济组织成员;转让的费用一次性结清,转包可以按年限和价格一次性结清,也可以按年支付。

7. 关于自用宅基地及宅基地流转

自用宅基地是指由被调查家庭的家庭成员使用的宅基地,盖了房屋出租获得租金的不算在其中。宅基地流转中的租赁,既包括土地的租赁也包括地面附着物的租赁。

8. 关于保障水平

是指 60 岁以后能够领取的保险金。

三、"土地制度变迁过程中的农村社会保障问题研究"访谈提纲

"土地制度变迁过程中的农村社会保障问题研究"是一项国家哲学社会科学基金支持的研究项目,旨在研究土地流转制度改革可能对农村社会保障产生的影响,以为我国农村社会保障政策(特别是养老政策)的设计提供参考。该研究项目将在农村地区展开问卷调查及访谈,其中访谈在村级层面展开。具体内容如下:

1. 本村的基本情况,包括:地理位置、行政隶属关系、当前户籍人口规模及年龄和性别结构(0~14岁,15~59岁,60岁及以上)、常住人口规模及年龄和性别结构、外出打工的规模及年龄和性别结构,土地总量及结构等(承包地、宅基地、集体经营性建设用地)。(数据部分请填写表格)

表1 2014年本村各类人口基本情况　单位:人

年龄	户籍人口		常住人口(在本地居住半年以上)		外出	
	男性	女性	男性	女性	男性	女性
0~14岁						
15~59岁						
60岁及以上						

表2 2000年、2014年本村各类土地基本情况　单位:亩

土地用途	2000年	2014年
承包地(包括林地、水塘等)		
宅基地		
集体经营性用地		

2. 2014 年①全村的经济总产出、产出结构(三次产业各自的产出情况)是怎样的？其中农业总产出及产出结构(种植业、养殖业、其他)是怎样的？从土地获得的收益在农业总产出中的比例是怎样的？与前些年相比(5～10 年)，是否有什么变化？(可填写表格)

表 3　2000 年、2014 年本村经济产出及结构　单位：万元

产出	2000 年	2014 年
全村经济总产出		
农业总产出		
种植业		
养殖业		
其他农业产出		
与土地有关的总产出		
非农总产出		

3. 2014 年全村的农作物总播种面积是多少？其中粮食作物和其他经济作物播种面积分别是多少？各自的产量如何？与前些年相比(5～10 年)，是否有什么变化？

表 4　2000 年、2014 年本村农作物耕种情况　单位：亩，公斤

	2000		2014	
	播种面积	总产量	播种面积	总产量
粮食作物				
果树				
大棚蔬菜				
其他经济作物				
合计				

① 如果 2014 年数据尚未统计出来，可以询问 2013 年的情况。

4. 村里的承包地是否存在流转(包括租赁、转让、转包、以股份入股等形式)的情况? 如果有,大概从什么时候开始,主要流转方式是什么,如何实现的(主要指私下流转还是通过正规平台)? 这些承包地从哪一类型农户流出,向哪一类型农户集中? 承包地流转对全村的农业生产是否产生影响,产生了哪些影响? 承包地流转对于农户的经济收入是否有影响?

5. 村里农户的宅基地是否存在流转的情况? 如果有,大概从什么时候开始,主要流转方式是什么,如何实现的(主要指私下流转还是通过正规平台)? 这些宅基地从哪一类型农户流出,向哪一类型农户集中? 宅基地的流转是否会对农户的迁移产生影响?

6. 村里最近 10 年是否发生过国家征用土地的情况? 如果有,征用了多少亩? 涉及多少农户? 征地的用途是什么? 补偿标准是怎样的? 补偿结算方式是怎样的? 农户对于国家征地的态度是怎样的?

7. 村里是否有集体经营性建设用地? 如果有,这些土地目前处于什么状态、如何使用? 这类土地产生的收益是如何分配的? 在过去 5~10 年里,集体经营性建设用地是否发生过流转? 如果有,流向哪里? 流转是如何实现的? 补偿金额如何确定? 是一次性结清吗? 有多少? 补偿是如何分配的? 在未来 5 年里,是否还会发生这些土地的流转?

8. 目前村里是否实行了农村社会养老保险? 具体规定如何? 全村参与率如何? 农户对于这一制度的态度怎样,态度一致吗? 参与积极性如何? 为什么?

9. 就您看,目前农村社会养老保险存在哪些问题?

10. 就您看,目前农户对于土地的看法是怎样的? 是把它作为就业方式、收入来源还是最后的保障? 为什么?

11. 您是否知道《关于农村土地征收、集体经营性建设用地入市、宅基地制度改革试点工作的意见》已经出台? 您认为怎样的土地政策才最有利于农民实现收益最大化?

12. 本村所在地区的城镇化推进速度如何?

四、对于孙庄、前夏村和鸟围村的访谈记录

(一) 孙庄

河南省鹿邑县孙庄村位于河南省周口市鹿邑县西部边界。西邻太康,北靠柘城,南与辛集乡邻接,东与高集乡毗邻,距县城 24 公里,面积 6 平方公里。全村主要以农业为生,主要种植小麦,大豆,玉米,棉花等农作物,大部分人员经常外出务工。全村有 418 户,常住人口达到 1 643 人。

1. **人口分布**: 本村的常住人口分布见表 1。

表 1　2014 年本村各类人口基本情况　单位: 人

年龄	户籍人口		常住人口(在本地居住半年以上)		外出	
	男	女	男	女	男	女
0~14 岁	237	256	126	109	111	147
15~59 岁	374	419	105	125	269	294
60 岁及以上	125	232	108	216	17	16

2. **土地分布**: 见表 2。

表2   2000年、2014年本村各类土地基本情况   单位：亩

土地用途	2000年	2014年
承包地（包括林地、水塘等）	675	764
宅基地	264	308
集体经营性用地	0	0

3. 全村的经济总产出、产出结构（三个产业的产出情况）：见表3。

表3   2000年、2014年本村经济产出及结构   单位：万元

产出	2000年	2013年
全村经济总产出	816 750	3 521 000
农业总产出	816 750	3 056 000
种植业	648 000	2 597 600
养殖业	81 000	366 720
其他农业产出	87 750	91 680
与土地有关的总产出	816 750	3 056 000
非农总产出	0	465 000

4. 2013年全村的农作物总播种面积情况：见表4。

表4   2000年、2014年本村农作物耕种情况   单位：亩,公斤

农作物种类	2000年		2014年	
	播种面积	总产量	播种面积	总产量
粮食作物	540	216 000	645	1 298 800
果树	0	0	0	0
大棚蔬菜	85	67 250	10	3 000
其他经济作物	50	63 000	70	84 000
合计	675	346 250	725	1 385 800

村里的承包地存在流转，从2010年10月开始，主要是租赁和

转让,主要是采用私下协议和口头商量,承包地在 2010 年左右的时候主要是外出务工人员的土地租赁给没有外出务工的人。承包地流转对全村的农业生产有一定影响,之前土地中主要是种植小麦和棉花,大面积承包和转让后,农作物主要是小麦和玉米,承包地流转对农户的经济收入有影响,转让土地的农户手里的现金比较多。

村里农户的宅基地存在流转的情况。这种情况大概从 2005年开始,主要流转方式是转让,农户私下谈论好价格,去村委会登记,办理手续。宅基地的流转主要是因为那些常年外出务工的人员在外买房,不需要居住。

村里最近 10 年发生过国家征用土地的情况,征用了 48 亩,涉及 12 家农户,其中 35 亩主要用来建设高速公路,补偿标准,一次性 1.2 万元/亩;13 亩地用作高速公路地基用土,补偿标准是 8 000元/亩,一次性结清,农户不愿意国家征地。

村里没有集体经营性建设用地。

目前村里实行了农村社会养老保险制度,规定村里没有正常工作的非农户口村民全部要交农村社会养老保险,家里不交的话,家里老人无法拿到社会养老保险金,每人交到 60 岁,总共交够 15年,每人至少 100 元,上不封顶,全村参与率为 100%,60 岁之后每个月补助 60 元。农户对于这一制度的态度都比较好,参与积极性良好,感觉交完养老保险后,后续生活有一定的保障。

在我作为村委会主任看来,针对农村社会养老保险,部分村民对这项制度认识度不高,有跟风的嫌疑;保费水平比较低,无法正常地保障老人的生活水平。村民还是希望拥有土地和子女,这样可以作为稳定的收入来源,也是农民的最后保障。在参加全县召开的工作总结合会上,了解到《关于农村土地征收、集体经营性建设用地入市、宅基地制度改革试点工作的意见》已经出台,在我看来,合适的土地政策,给予农民合适的社会养老保障,给予有劳动能力的农民充足的工作岗位,基本上维持农民的生活保障,村民还是希望把土地交给国家重新管理。本村所在地区的城镇化推进速度比较缓慢,城镇化水平极低。

(二) 前夏村

河南省淮阳县四通镇前夏村位于河南省周口市淮阳县东北部,距县城 24 公里,面积 4.3 平方公里。全村主要以农业为生,主要种植小麦、大豆、玉米、棉花等农作物,大部分人员经常外出务工。全村有 338 户,常住人口达到 1 247 人。

1. 人口分布:本村的常住人口分布见表 1。

表 1　2014 年本村各类人口基本情况　单位:人

年龄	户籍人口		常住人口(在本地居住半年以上)		外出	
	男	女	男	女	男	女
0～14 岁	126	163	84	95	42	68
15～59 岁	347	385	128	212	21	17
60 岁及以上	104	122	81	103	23	19

2. 土地分布:见表 2。

表 2　2000 年、2014 年本村各类土地基本情况　单位:亩

土地用途	2000 年	2014 年
承包地(包括林地、水塘等)	513	549
宅基地	153	176
集体经营性用地	0	30

3. 全村的经济总产出、产出结构(三个产业的产出情况)：见表3。

表3　2000 年、2014 年本村经济产出及结构　单位：万元

	2000 年	2013 年
全村经济总产出	726 100	2 628 950
种植业	615 600	1 098 000
养殖业	68 200	589 350
其他农业产出	42 300	147 600
与土地有关的总产出	726 100	2 510 950
非农总产出	0	118 000
农业总产出	726 100	2 510 950

4. 2013 年全村的农作物总播种面积情况：见表4。

表4　2000 年、2014 年本村农作物耕种情况　单位：亩，公斤

农作物种类	2000 年		2014 年	
	播种面积	总产量	播种面积	总产量
粮食作物	445	178 000	465	395 250
果树	0	0	0	0
大棚蔬菜	20	27 000	0	0
其他经济作物	48	43 200	84	84 000
合计	513	248 200	549	479 250

村里的承包地存在流转，从 2007 年 10 月开始，主要是租赁和转让，主要是采用私下协议和口头商量，承包地在 2009 年左右的时候主要是外出务工人员的土地租赁给没有外出务工的人。承包地流转对全村的农业生产有一定影响，之前土地中主要是种植小麦和棉花，大面积承包和转让后，农作物主要是小麦和玉米，承包地流转对农户的经济收入有影响，转让土地的农户手里的现金比

较多。

村里农户的宅基地不存在流转的情况。

村里最近 10 年发生过国家征用土地的情况,征用了 17 亩,涉及 6 家农户,其中 16 亩主要用来建设城乡一体化的粮仓,1 亩地建设黄路口乡办公墓,补偿标准是 2 万元 1 亩,一次性结清,农户不愿意国家征地。

村里有 30 亩的集体经营性建设用地,目前主要承包给私人企业,建造了田丰面粉厂、周口豫满香有限公司、河南银基地膜厂、中国石油化工加油站。这些企业一次性给予每家 2 000 元的补贴,在过去的 8 年集体经营性建设用地没有发生过流转。目前村里实行了农村社会养老保险,规定村里没有正常工作的非农户口全部要交农村社会养老保险,每人交够 15 年,每人至少 100 元,上不封顶,全村参与率为 100%,农户对于这一制度的态度都比较好,参与积极性良好,感觉交完养老保险后,后续生活有一定的保障。

在我作为村委会主任看来,目前农村社会养老保险存在强买强卖的倾向,部分村民对社会养老保险认识度不高,保费水平比较低,无法正常地保障老人的生活水平。村民还是希望拥有土地和子女,这样可以作为稳定的收入来源,也是农民的最后保障。在看新闻的时候,了解到《关于农村土地征收、集体经营性建设用地入市、宅基地制度改革试点工作的意见》已经出台,在我看来,合适的土地政策,给予农民合适的社会养老保障,给予有劳动能力的农民充足的工作岗位,基本上维持农民的生活保障,村民还是希望把土地交给国家重新管理。本村所在地区的城镇化推进速度比较缓慢,城镇化水平极低,在2012年12月,河南省淮阳县县长召开的乡长会议上提出立足本县现状,加快推进各乡的城镇化,本村利用良好的地理优势,建立黄路口粮食管理所,目前还没有建好。

(三) 鸟围村

鸟围村位于广东省揭阳市蓝城区的西北部,交通较为便利,行政村面积约3平方公里。与孙庄和前夏村的自然条件相比,鸟围村的气候与土壤更适合水果、蔬菜等的生长。

1. 人口分布:本村的常住人口分布见表1。

表1　2014年本村各类人口基本情况　单位:人

年龄	户籍人口		常住人口(在本地居住半年以上)		外出	
	男	女	男	女	男	女
0～14岁	228	306	192	287	36	19
15～59岁	1 073	1 032	617	859	456	173
60岁及以上	196	211	173	193	23	18

2. 土地分布:见表2。

表2　2000年、2014年本村各类土地基本情况　单位:亩

土地用途	2000年	2014年
承包地(包括林地、水塘等)	478.3	429.6
宅基地	197.5	255.4
集体经营性用地	115.3	115.3

3. 全村的经济总产出、产出结构(三个产业的产出情况):见表3。

表3　2000年、2014年本村经济产出及结构　单位:万元

	2000年	2014年
全村经济总产出	834	1 940.90
农业总产出	75	130.63
种植业	29	44.19
养殖业	20	24.60
其他农业产出	21	45.69
与土地有关的总产出	5	16.15
非农总产出	759	1 810.27

4. 2013年全村的农作物总播种面积情况:见表4。

表4　2000年、2014年本村农作物耕种情况　单位:亩,公斤

农作物种类	2000年		2014年	
	播种面积	总产量	播种面积	总产量
粮食作物	332	265 600	211.6	190 440
果树	35	17 500	31.7	19 020
大棚蔬菜	52	208 000	60.4	241 600
其他经济作物	28	25 200	83.7	83 700
合计	447	516 300	387.4	534 760

村里有承包地流转的情况,最早大概从20世纪90年代开始,主要流转方式为租赁。基本上是私下流转。这些承包地主要从家庭子女大部分在外成家立业或者觉得打工比务农赚钱赚得多的农户手中流出。向种植大户(即外来专业种植组织)和主要从事高产值农业(例如经济作业和养殖业)的农户集中。承包地流转使全村的农业生产得到稳定(因为现在没什么人想种田,如果没有承包地

流转,将有大量土地荒废)。承包地流转用于农业生产的年租金只有 400~500 元/亩,工厂用地的年租金可达 600~700 元/亩,但是一般农户只有一两亩地出租,所以经济收入只有小幅增加。

因为国家关于保护环境和保护耕田的政策(如果不限制宅基地,会影响到耕地面积,即耕地红线),宅基地现在基本没有流转,除极少数农户因为某些原因有宅基地流转,据我所知村里只有两三户家庭有宅基地流转情况。

在蓝城区,我们村属于经济相对较差的地方,所以还没有经历过征地。

村里有一些经营性建设用地,大概 20% 已经对外出租。收益没有分配,全部用于村里的基本建设和各项支出。过去 5~10 年里,我们村的经营性建设用地也有流转过,就是通过出租的方式向村民流转,所得租金全部用于村里的基本建设和各项支出,所以并没有在村民中分配。今后这种流转形式还会继续存在,还会发生土地流转。

村里实行了新农保(实际上似乎已经叫城乡居民保险了)。具体规定是 60 岁以上老人才可参加,每年 120 元,60~70 岁每月领60 元,70~80 岁每月领 70 元,80~90 岁每月领 80 元,以此类推。基本上符合标准的老人都参加了。农户对这项制度基本无异议,因为多少还是划算的。

养老保险最不好的一点就是地方各自为政,不同镇可能制度和金额不一样。而且总体来说,每月领取的金额根本不足以负担最基本的养老需求。

村民们很少把土地看作是收入来源了,只是把土地作为一笔未来的财富,希望土地被征用,得到一笔理想的赔偿金。因为随着经济的发展和现在大量人口流入城镇,农村土地的观念越来越被"城镇化",即人们越来越把农村土地的价值与城市土地的价值并行,觉得随着经济的发展,农村的土地一定会大幅度增值,如果以后转手一定能得到一笔可观的财富。甚至有些人为了分地,城镇户口倒迁农村(老家在农村,但户口已迁去城镇)。

本村隶属揭阳市蓝城区(原揭东县),蓝城区于 2013 年 3 月揭牌成立,城镇化速度较之前揭东县已大幅加快。现在大概 40% 已城镇化。

图书在版编目(CIP)数据

土地制度变迁过程中的农村社会保障问题研究 / 杨昕
著.—上海：上海社会科学院出版社,2016
ISBN 978 - 7 - 5520 - 1570 - 6

Ⅰ.①土…　Ⅱ.①杨…　Ⅲ.①农村-社会保障-研究
-中国　Ⅳ.①F323.89

中国版本图书馆 CIP 数据核字(2016)第 228702 号

土地制度变迁过程中的农村社会保障问题研究

著　　者：杨　昕
责任编辑：孙　洁
封面设计：周清华
出版发行：上海社会科学院出版社
　　　　　上海顺昌路 622 号　邮编 200025
　　　　　电话总机 021 - 63315900　销售热线 021 - 53063735
　　　　　http://www.sassp.org.cn　E-mail:sassp@sass.org.cn
照　　版：南京前锦排版服务有限公司
印　　刷：上海天地海设计印刷有限公司
开　　本：890×1240 毫米　1/32 开
印　　张：7.625
字　　数：151 千字
版　　次：2016 年 9 月第 1 版　2016 年 9 月第 1 次印刷

ISBN 978 - 7 - 5520 - 1570 - 6/F323·89　　　定价：28.00 元